本书获得乐施会资助，内容不代表乐施会立场

张照新　陈　洁　徐雪高　等／著

农业产业化龙头企业发展与社会责任

Leading Agricultural Enterprises: Development and Social Responsibility

经济管理出版社
ECONOMY & MANAGEMENT PUBLISHING HOUSE

图书在版编目（CIP）数据

农业产业化龙头企业发展与社会责任 / 张照新等著. —北京：经济管理出版社，2010.11

ISBN 978-7-5096-1154-8

Ⅰ. ①农… Ⅱ. ①张… Ⅲ. ①农业企业—经济发展—研究—中国 ②农业企业—社会—职责—研究—中国 Ⅳ. ①F324

中国版本图书馆 CIP 数据核字（2010）第 218259 号

出版发行：**经济管理出版社**
北京市海淀区北蜂窝 8 号中雅大厦 11 层
电话：(010)51915602　　邮编：100038

印刷：世界知识印刷厂　　经销：新华书店

组稿编辑：张永美　　责任编辑：张永美
技术编辑：杨国强　　责任校对：陈　颖

720mm×1000mm/16　　12.5 印张　　198 千字
2010 年 12 月第 1 版　　2010 年 12 月第 1 次印刷

定价：35.00 元

书号：ISBN 978-7-5096-1154-8

序

农业产业化经营是我国农村改革不断深化的产物，是社会分工不断细化的结果，是小生产与大市场对接的内在需求。农业产业化经营作为我国农业经营体制的重大创新，也是转变农业发展方式、建设现代农业的有效途径。自 20 世纪 80 年代末期以来，我国农业产业化经营大致经历了三个阶段：20 世纪 80 年代中期至 90 年代中期的自发探索阶段，90 年代中期至 90 年代末期的快速发展阶段，以及 21 世纪初以来的创新提高阶段。特别是 2004 年以来，在党中央国务院的高度重视下，在一系列强农惠农政策的支持下，在农业产业化经营系统工作人员的共同努力下，农业产业化经营发展迅速。目前，农业产业化经营已成为创新农业经营体制的重要内容，对加快现代农业建设、促进农民持续增收和农业农村经济平稳快速发展起到了重要作用。

目前，我国龙头企业形成了以 894 家国家重点龙头企业为核心，以 7500 多家省级龙头企业为骨干，以 8 万多家中小型龙头企业为基础的发展格局。当前，国内外经济环境深刻变化，利益格局深刻调整，体制机制深刻变革，社会深刻转型，农业产业化发展既有难得的历史机遇，也面临着严峻的挑战。如何推动龙头企业发展，提升农业产业化经营水平，促进农业农村经济平稳较快发展已成为一个重大课题。

龙头企业作为农业企业，与一般工商企业不同，在自身做大做强的同时，肩负着保障农产品质量安全、带动农户增收、保护资源环境等社会责任。特别是 20 世纪 90 年代，企业社会责任运动在全球兴起，一些企业社会责任的国际标准如 GRI、SA8000、AA1000 等相继出台。在全球化浪潮的影响下，我国也非常重视企业社会责任，相继出台的《上市公司治理准则》、新《公司法》，国资委下发的《关于中央企业履行社会责任的指导意见》（国资发研究［2008］1 号）均对企业履行社会责任提出了具体要求。一些大型企业如国家电网、中石油、中国移动、伊利等积极履行社会责任，并每年发布社会责任报告书。但从总体来看，我国企业社会责任发展才刚刚起步，企业对社会责任的认识还不清晰，部分企业履行社会责任的积极性还不高。因此，如何推动企业特别是农业龙头企业履行社会责任已成为重要课题。

在香港乐施会的资助下，课题组从2008年开始，开展了农业产业化利益联结机制与龙头企业社会责任调查研究，就龙头企业社会责任意识、履行社会责任状况以及原因等问题进行了调研，并完成了龙头企业社会责任调查综合报告和农业产业化龙头企业社会责任信息披露与履行研究报告。另外，从2009年起，课题组承担了农业部产业化办公室委托的第四次龙头企业动态监测任务，对国家重点龙头企业近3年的发展状况进行了分析，形成了3篇专题报告。

围绕龙头企业发展和社会责任履行两大研究主题，我们将近两年的研究成果进行了汇总，形成了现有的书稿。此外，我们还将近年来的相关调研报告汇集到本书。全书由6章和5个附录组成，具体写作分工是：第一章由张照新、徐雪高、王维友、张涛执笔；第二章由李姗、张照新执笔；第三章由赵海执笔；第四章由张海阳执笔；第五章由张照新、徐雪高、陈洁、原英执笔；第六章由彭超、张照新执笔。附录1由张照新、王维友执笔；附录2由刘锐、张照新执笔；附录3由刘锐、陈洁执笔；附录4由陈洁、王莉执笔；附录5由原英、张照新、徐雪高执笔。全书由张照新、徐雪高负责统稿，并对一些章节的内容作了修改。

由于我们自身的知识结构和学术水平的限制，本书的分析研究肯定存在许多不足之处，欢迎各界同仁进行批评指正，对此我们表示衷心的感谢。

张照新

2010年11月

目　录

第一章　国家重点龙头企业的发展及未来的发展思路

2009年，面对历史罕见的国际金融危机的严重冲击、多年不遇的自然灾害的重大考验和国内外农产品市场异常波动的不利影响，在国家刺激经济"一揽子"政策的支持下，农业产业化龙头企业特别是国家重点龙头企业主动应对，加大科技创新，强化质量管理，积极调整结构，大力开拓市场，在逆境中取得长足发展，为保增长、稳就业、促增收作出了突出贡献。2009年，894家国家重点龙头企业资产总额1.19万亿元，销售收入1.43万亿元，利润总额583.6亿元，同比分别增长20.6%、11.6%、9.7%，带动农户4666.1万户，同比增长5.6%。

一、农业产业化国家重点龙头企业发展成效

（一）建基地，强服务，龙头企业成为建设现代农业的排头兵

建设高标准生产基地是发展现代农业的重要任务，也是龙头企业稳定发展的基础。龙头企业充分依托优势产业，加大基地投入，优化生产布局，完善社会化服务，推进规模化、标准化、集约化、设施化生产基地建设，为构建现代农业产业体系奠定了基础。2009年，国家重点龙头企业投入近200亿元建设标准化种养基地，其中自建高标准种植基地3425万亩，同比增长13.37%。同时，还通过订单等方式辐射带动基地面积达3.34亿亩。

龙头企业已经成为构建新型农业社会化服务体系的骨干力量。通过产

前、产中、产后全过程实行“五统一”服务（统一供种、统一农资、统一管理、统一防治、统一销售），把优良品种、先进技术、防治防疫方法引入农业生产，还为农户提供资金、担保、保险等配套服务，不仅有效降低了农业生产和经营风险，还促进了现代农业服务业的发展。内蒙古塞飞亚集团专门成立肉鸭养殖服务公司，采取送鸭雏到户、送饲料到户、回收成鸭到户、防疫禽病到户、技术服务到户的‘五到户”服务措施，为养殖户提供了全程、优质、系列化的服务，2009 年该公司为基地农户服务投入达 1500 万元。

龙头企业充分利用自身技术和人才优势，通过专题讲座、现场指导、网络课堂等形式，对基地农户和从业农民工开展生产技术、操作规程、市场营销、经营管理等培训，已成为培训现代农民的重要阵地。2009 年国家重点龙头企业累计培训农民 600 多万人次，累计培训员工（含农民工）近 130 万人次。

（二）保供给，提质量，龙头企业成为稳定农产品市场的骨干力量

龙头企业的原料涵盖了绝大部分农产品种类，其生产加工制品主要是食品类生活必需品，已成为粮、棉、油、肉、蛋、奶等主要农产品生产、加工、销售的重要市场主体。目前，8 万多家龙头企业提供的农产品及加工制品占农产品市场供应量的 1/3，其中国家重点龙头企业占 10%以上。2009 年，中粮、九三、渤海等 34 家油脂国家重点龙头企业产量达 320 多万吨，占全国总产量的 30%以上。广西凤糖等 15 家糖类国家重点龙头企业产量为 820 多万吨，达到全国总产量的 75%以上。伊利、蒙牛等 55 家乳制品国家重点龙头企业产量达 1400 多万吨，占全国总产量的 70%以上。

龙头企业利用一头连基地、一头连市场的优势，根据市场供求变化，及时调整生产加工计划和销售策略，组织产品供应，调剂市场余缺，稳定农产品原料和产品销售价格，发挥了价格波动“缓冲器”和市场供应“平衡器”的作用。2009 年，面对金融危机的严重冲击，市场需求萎缩，一些地方农产品出现销售难时，龙头企业主动按照合同进行收购，应收尽收，不压级压价。浙江新市油脂公司在 2009 年上半年油料价格大幅下跌的情况下，以高于国家临时收储价的价格敞开收购油菜籽，不仅保护了农民利益，还稳定了

油菜籽市场。在一些地方出现突发事件导致农产品供应紧张时，龙头企业的作用体现得更加突出。2009年底北京出现暴雪天气，蔬菜供应紧张、价格暴涨，山东寿光蔬菜批发市场迅速组织货源，每天紧急调运新鲜蔬菜100万~150万斤，按照暴雪前的市场价供应北京市场，大大缓解了市场供需矛盾。

（三）重科技，调结构，龙头企业成为转变农业发展方式的重要主体

随着经济全球化进程的加快，市场竞争日趋激烈，尤其是在国际金融危机的冲击下，加快结构调整、转变发展方式已成为企业提高竞争力、实现稳定持续发展的迫切要求。

龙头企业切实加大科研投入，建立研发机构，引进开发新技术新产品，发展精深加工，提高产品附加值，打造完整产业链条。2009年，国家重点龙头企业共投入科研经费159.9亿元，平均每个企业1744万元，63家企业投入超过5000万元。85.9%的国家重点龙头企业建立了研发中心，58.3%的企业科研成果获得省级以上科技奖励。国家重点龙头企业的加工能力和水平明显提高，农产品加工增值比由2008年的1∶2.43提高到2009年的1∶2.59。厦门银祥集团连续3年累计投入1.7亿元用于技术研发，承担了20多项国家、省、市重大科研项目。同时，还建立了“肉食品质量安全与控制实验室”，并被科技部认定为国家重点实验室。

龙头企业根据市场需求，开发多元化、个性化、差异化的新产品，积极稳定现有市场，大力开拓国际新兴市场和国内农村市场，调整优化产品结构和市场布局。2009年，国家重点龙头企业实现出口创汇额101.3亿美元，占全国农产品出口总额的26%，出口目标国由欧美、东南亚等传统市场扩张到中东、中亚、非洲、南美洲等地区。山东莱芜万兴果菜食品加工有限公司在稳定欧美市场的同时，大力发展中东市场，2009年出口额为7754万美元，同比增长80%以上。2009年，有74家国家重点龙头企业在境外建基地办工厂，投资总额达64.2亿美元。

龙头企业普遍采用新技术、新工艺、新设备，加快设备的更新换代，淘汰落后产能，加强企业管理，发展循环经济，实现节能节本增效。国家重点龙头企业废水、废气、废渣排放全部达标。2009年，40%的龙头企业改造更

新了生产加工设施设备。安徽京九丝绸有限公司投资 1800 万元购买国际领先的意大利剑杆织机，降低了单位能耗，提高了资源利用效率。福建圣农集团在打造肉鸡饲养加工主业链的基础上，对肉鸡生产各个环节产生的废料进行相应处理，实现废弃物循环利用，企业效益每年可增加 2900 万元，实现了经济效益、社会效益和生态效益的有机结合。

（四）促就业，保增收，龙头企业成为带农惠农的生力军

带动农民就业增收是发展农业产业化的根本出发点和落脚点。龙头企业在克服金融危机不利影响的同时，千方百计收购农民农产品，稳定就业岗位，为保障农民经营性收入和工资性收入作出了重要贡献。

龙头企业主要通过订单合同方式收购农产品，做到应收尽收，不压级压价，保证农产品顺利销售，使农民获得现金收入。2009 年，国家重点龙头企业主要原料采购额达 5520 亿元，同比增长 4.8%，订单基地采购金额 2980 亿元，同比增长 10.1%。有些企业还通过利润返还、股份分红等方式，让农民得到更多实惠，2009 年，国家重点龙头企业对农民利润返还和股份分红达到 11.8 亿元。

龙头企业响应国家号召，不裁员、不减薪，尽量稳定现有就业岗位，努力发展运输、包装、储藏等相关产业，拓宽就业渠道，吸纳农民工就业。2009 年，国家重点龙头企业职工总数 270 万人，比上年增加 14 万人；工资福利总额 437.9 亿元，同比增长 10.2%，年平均工资 1.62 万元。其中季节性用工 68.1 万人，工资福利总额为 55.8 亿元。

二、当前龙头企业发展面临的形势和挑战

当前，在我国工业化、信息化、城镇化、市场化和国际化进程加快的背景下，国际国内环境深刻变化，利益格局深刻调整，体制机制深刻变革，社会深刻转型，既为农业产业化和龙头企业发展带来了严峻挑战，也为其发展带来了难得的机遇。

（一）强农惠农政策和刺激经济“一揽子”计划取得成效，为农业产业化经营创造了良好的政策环境

当前，我国总体上已进入以工促农、以城带乡的发展阶段，进入着力破除城乡二元结构、形成城乡经济社会发展一体化新格局的重要时期。党的十七届三中全会对新时期农村改革发展和城乡统筹作出了全面部署，提出了明确要求。中央连续 7 年下发 1 号文件，完善强农惠农政策，国家财政对于农业基础设施建设、农民直接补贴和农业生产支持投入不断增加。2010 年中央财政支农资金预算安排为 8183 亿元，比 2008 年增加 1000 亿元。2008 年下半年以来，中央制定了一系列应对金融危机、保持经济平稳较快发展的政策措施，推出 4 万亿元扩大内需、促进经济增长的“一揽子”计划，明确要求把农村作为扩大国内需求的重点，把农业作为实现经济平稳较快发展的支撑，进一步加大了强农惠农政策力度。同时，十大重点产业调整和振兴规划，也把龙头企业纳入支持范围。这些强农惠农政策的相继出台，将为农业产业化，特别是龙头企业的发展创造更加有利的政策环境。

（二）农产品需求稳步增长，质量安全和品质要求进一步提高，农业产业化经营面临新的挑战

当前农产品消费需求出现新的变化。一是主要农产品消费需求稳步增长。随着人口的增加和工业化、城镇化进程的加快，我国粮食等主要农产品的消费需求呈刚性增长趋势。虽然 2004~2010 年我国粮食实现连续 7 年增产，但耕地减少、水资源匮乏的趋势难以逆转，一些发达国家坚持实施粮食转化成生物能源的战略，不仅对国际粮食安全构成极大挑战，也对我国粮食安全造成了不利影响。长期来看，我国粮食等大宗农产品供求将处于紧平衡状态，保障粮食和主要农产品有效供给将成为结构调整特别关注的重要问题。二是农产品质量安全愈发受到关注。2008 年以来，国内外食品质量安全事件频发，特别是三聚氰胺事件不仅冲击了乳制品行业，而且严重打击了消费者对农产品质量安全的信心。质量安全成为消费者认知产品和产业的一个重要风向标和基本判断标准，这对龙头企业加强农产品生产加工各环节的质量管理提出了更高要求。三是消费需求多元化、个性化、细分化。随着城乡

居民收入水平的提高，消费需求发生了很大变化。一方面，农村居民商品性消费需求快速增加，不仅对初级产品的品种和品质要求提高，而且对加工产品特别是精加工产品需求迅速增长；另一方面，城镇居民开始追求健康营养，对于粗粮杂粮、有机产品、特色产品、品牌产品等的需求越来越多。这对龙头企业延长产业链条、发展精深加工，进行产品升级换代提出了更高要求。

（三）农业生产规模化、标准化、组织化程度不断提高，为农业产业化组织机制创新奠定了坚实的基础

近年来，随着劳动力的大量转移，我国农业生产发展方式出现了重大变化。一是规模经营快速发展。到2009年9月底，全国土地流转面积达到1.5亿亩，约占全国耕地面积的8.3%。土地承包经营权流转的快速发展为开展多种形式的适度规模经营创造了条件。二是农产品区域布局逐步形成。随着我国优势农产品区域布局规划和特色农产品区域规划的实施，我国优势农产品区域布局更加明显，为龙头企业建立规模化、区域化的原料基地，发展产业集聚区创造了条件。三是农业标准化进一步推进。随着农业标准化示范基地、粮油高产创建区、禽畜标准化养殖等项目的深入推进，农业生产标准化程度不断提高，为龙头企业实行全程标准化管理奠定了基础。四是农民专业合作组织快速发展。到2009年底，全国依法登记的农民专业合作社有24.6万个，成员超过2000万。专业合作社的快速发展进一步提高了农民的组织化程度，为密切龙头企业和农户的利益联结关系，发挥农民参与产业化经营的主体作用提供了组织机制保障。

（四）农业信息化快速推进，物流产业不断发展，为农业产业化各环节的有效对接提供了有力支撑

随着“家电下乡”、“金农”、“三电合一”等工程的实施，手机、电话、电视、电脑和网络在农村普及应用，农村信息化进程快速推进，推动了产业链各环节的信息交流和互动，实现了产品的供求、价格、质量、技术等信息在农户、龙头企业和市场之间快捷的传递和反馈。同时，将政府的政策、法律法规等信息及时、准确地向农户、企业和合作社发布。农产品物流业快速发

展，将连锁经营、直销配送、网上交易、电子商务等新型流通业态不断引入，实现了农产品产销的有效对接。这些都为农业产业化发展提供了有力的支撑。

（五）农产品出口增速趋缓，贸易摩擦常态化，对农业产业化发展提出了严峻考验

虽然目前世界经济出现企稳回升迹象，但金融危机对经济的影响短期内还难以消除，经济回升的基础还不稳固，不确定因素仍然很多，龙头企业的国际贸易环境总体仍不乐观。一是贸易发展空间有限。近年来，我国优势农产品的出口快速增加，在国际市场中的份额不断提高，主要发达国家的市场需求相对稳定，新兴市场的开拓还需要一个过程，因此，我国农产品的出口增长空间受到很大限制，继续保持高速增长的难度越来越大。二是贸易保护主义重新抬头。在当前国际金融危机的背景下，一些国家采取贸易保护措施，提高市场准入门槛，贸易摩擦常态化，使得我国农产品出口面临新的压力。据商务部统计，目前全球35%的反倾销调查和71%的反补贴调查针对我国出口产品。2010年前三个季度，有19个国家对我国产品发起88起贸易救济调查，涉案总额为102亿美元，调查案件数量及涉案总额分别较上年同期增长29%和125%。加上劳动力成本提高和人民币升值的因素，削弱了我国龙头企业的国际竞争力。当前，内需的扩张还难以全面弥补外需萎缩所带来的影响，龙头企业产业升级转型，由国际市场转向国内市场也需要一个过程，因此，对于大部分龙头企业，尤其是出口型的龙头企业来说，国际贸易环境的恶化将带来极为严峻的挑战。

在国际国内经济社会环境发生新的变化的同时，我国农业产业化也呈现出一些新的发展态势。

一是龙头企业由数量扩张向质量提高和集群式发展转变，整体素质和竞争力明显增强，适应金融危机带来的新机遇，加快了资源、市场、人才和品牌的整合。一批产品质量高、具有自主品牌、综合实力强的企业脱颖而出，市场份额明显提高，影响力显著增强，逐步形成了起点高、规模大、竞争力和带动力强的大型龙头企业和企业集团，成为农业农村经济发展的新引擎。截至2009年底，全国销售收入过亿元的龙头企业达到8032家，销售收入过

百亿元的龙头企业达到 14 家。一些龙头企业进入园区，带动中小型龙头企业集群集聚发展。合肥市肥东县食品工业园区，形成了由 6 家国家重点龙头企业和 7 家省级重点龙头企业带动 40 多家中小型龙头企业共同发展的格局。2008 年实现销售收入 37.6 亿元，利润 2.6 亿元，建设 40 万亩生产基地，辐射带动 27.8 万户农户。

二是产业转移势头迅猛，中西部地区农业产业化经营加快发展。金融危机进一步促进了产业结构的调整和区域间合理分工布局。东部地区龙头企业受当地资源条件的限制，开始向中西部转移，实施跨区经营。2008 年，省级以上重点龙头企业跨区域经营的有 2716 家，比上年增长 30.45%。雨润集团投资 6 亿元，在山西、甘肃等地建立生产基地和加工厂。中西部地区龙头企业依托资源禀赋的优势，积极承接东部地区的产业转移，快速成为区域经济发展的新的经济增长极。河南省国家重点龙头企业 39 家，省重点龙头企业 327 家，推动食品加工业成为河南的支柱产业，2008 年食品工业的规模超过 3500 亿元；2008 年，湖南省食品工业增加值提高 42%，新增规模企业 159 家；湖北省 3800 亿元规模以上工业增加值中，食品工业增加值占 520 亿元，贡献率仅次于汽车产业。

三是产业化组织模式更加丰富，利益联结机制更加完善。各地在继续完善龙头企业联基地带农户的组织模式基础上，大力推进“龙头企业＋合作社＋农户”，近年来，一些地方适应现代农业发展的要求，积极探索企业进园区、园区带基地、基地联农户的新的组织模式。湖北省为推进农业产业化的跨越式发展，启动实施农业产业化示范园区建设工程，建立了武汉市黄陂区武湖农业产业化示范园、钟祥市农业产业化示范园、安陆市畜牧产业化示范园、监利县福娃农业产业化示范园等九大园区。

三、未来农业产业化龙头企业发展的趋势和推进思路

随着国内外环境的重大变化，农业产业化经营，尤其是龙头企业发展将

呈现一些新的特点和趋势。

一是龙头企业集团化更加迅猛。随着国内市场的迅速扩大，为龙头企业的成长，特别是作为国家和省级重点龙头企业扩张提供了巨大的市场空间，而国际金融危机带来的冲击则为企业进行资源要素整合带来了难得的机遇。未来3~5年内，作为“领头羊”的国家和省级重点龙头企业，通过跨区经营和兼并重组，企业规模将迅速扩大，涌现出一大批规模化的企业集团。

二是龙头企业集群化发展更加明显。目前，随着优势农产品区域布局的发展，在各地出现了龙头企业向优势产区集中的趋势，形成了一批主导产业突出、特色鲜明、产业链条完善的农业产业化集聚区，不仅提升了农业产业化的发展水平和质量，也成为当地的经济增长极，受到了地方政府的重视和大力推动。随着农业优势区域布局的进一步发展，特别是地方政府的大力推动，龙头企业集群和产业集聚的趋势将更加明显。

三是产业链整合步伐加快。在质量安全管理要求不断提高和市场波动不断加剧的背景下，龙头企业向上下游延伸的要求也将更加迫切。一方面，食品质量风险越来越高，推动企业向上游的原料生产环节延伸，建设原料基地，规范生产规程，以保证产品质量，降低风险。另一方面，随着市场波动的加剧，龙头企业将更加注重对深加工和贸易营销环节的延伸，提高产品附加值，同时将部分市场风险内化，降低单个生产环节出现问题而带来的市场风险。

四是合作组织在农业产业化经营中的作用将得到进一步发挥。在国家政策的大力支持下，我国农民专业合作社将得到快速发展，这为农业产业化提供了越来越丰富的组织资源。合作组织一方面可以让农民组织起来，提高农民与龙头企业的谈判地位，更好地维护农民的利益。同时，也可以成为龙头企业与农民之间的桥梁，降低龙头企业与农户之间的交易成本。“龙头企业+合作社+农户”的组织化模式将得到快速发展。

五是中部区域农业产业化和龙头企业发展速度将明显加快。在改革开放以来的发展中，由于中西部地区在地理位置和交通上的不便，在进入国际市场方面处于明显的劣势，这也是中西部地区农业产业化经营发展相对滞后的一个重要原因。而未来随着国内市场成为农业产业化经营发展的主要市场，中西部地区在地理位置上的劣势大大缓解。同时，中西部地区土地资源丰富，生产加工成本相对较低，抢占国内市场具有一定的优势。目前，龙头企业已经出现由东部向中西部转移的趋势。未来5~10年，中西部地区的农业产业化和龙头企业将得到快速发展，并成为带动当地县域经济和小城镇发展的重要动力。

面对后金融危机阶段的挑战和机遇，围绕现代农业建设的目标，坚持创新、提升、优化、拓展的发展方式，完善产业化组织模式，密切各主体间的利益联结关系，加快体制机制创新；培育壮大龙头企业，发展龙头企业集群，提升龙头企业整体素质；加快推进产业梯度转移，实施跨区域经营，优化产业布局；转变发展方式，注重科技创新，发展精深加工，调整产品结构，拓展市场空间和发展领域，进一步增强农业产业化促进农业发展带动农民就业增收的能力，克服国际金融危机的不利影响，保持农业产业化快速发展的势头，推进农业现代化、农民组织化和农村工业化。

围绕以上思路，重点从如下五个方面着手：

一是应以农业产业化示范区建设为抓手，推进龙头企业集群发展。农业产业化示范区建设是新形势下进一步提升农业产业化水平的重要手段，也是推动产业集聚，发展农村经济的有效途径。要结合国家现代农业示范区建设，命名一批农业产业化示范区，支持龙头企业抓住当前资源要素整合的有利时机，通过兼并、重组、并购等方式，培育壮大一批大型龙头企业和企业集团；引导龙头企业进入园区，推动龙头企业集聚，不断扩大产业规模；大力发展精深加工，构建初加工、精加工、深加工分工协作体系，延长产业链条；鼓励龙头企业采用多种方式，对上下游企业进行重组、改造，形成和发展一批专业化配套企业，增强集群竞争优势。通过产业化示范区的示范带动效应，培育一大批具有较强竞争力和带动力的龙头企业集群，提升农业产业化整体发展水平。

二是以标准化基地建设为关键环节，构建完整的产业链条。标准化规模化的原料基地是提高产品质量和品质，增强龙头企业市场竞争力的重要保障。要结合优势农产品区域布局规划和园艺标准化基地建设，支持龙头企业建设标准化、规模化原料生产基地。鼓励龙头企业在尊重农户土地承包经营权的前提下，通过土地租赁、土地经营权入股和组建土地合作社等形式，发展集中连片的生产基地。鼓励有条件的龙头企业实施跨区域经营，扩大基地规模。支持龙头企业加快建立健全标准化生产体系，按照技术规范和农艺要求，创建无公害农产品、绿色食品、有机农产品和出口农产品原料基地；鼓励龙头企业建立健全农产品生产档案，实施全过程质量控制和责任追溯，确保优质安全农产品原料供给，形成生产、加工、销售协调发展的一体化产业链条，保障农业产业化经营的健康发展。

三是以产销联盟建设为切入点，促进农产品产销有效衔接。产销联盟是促进产销衔接最直接、最有效的方式，能够更好地把产地与销地、生产与加工、加工与流通结合起来，更加快捷高效地适应消费者多元化、个性化需求，是后金融危机阶段加快龙头企业调整产业和市场结构、拓展市场空间的重要途径。通过农超对接、合同订单、产销衔接等方式，发展生产型合作社与生产型企业间的联合、加工企业间的合作、批发市场与物流企业间的协作，形成三者密切联系、相互配合的大联盟，构建统一的信息共享平台、物流配送平台和市场交易平台，拉近生产者与消费者的距离，实现产销间高效、快捷、有序的衔接。

四是以发展中介服务组织为着力点，完善产业化利益联结机制。中介服务组织特别是农民专业合作社是提高农民组织化程度、维护龙头企业和农民利益的重要组织形式。结合当前农民专业合作社快速发展的新形势，鼓励龙头企业创办或领办各类合作组织，推进龙头企业与合作社有效对接，为合作社和农户提供信息、技术、资金等服务。全面推进订单农业，鼓励龙头企业和农民以要素入股、产权联合等方式，形成更加紧密的利益联结关系。依托龙头企业，吸纳专业合作社和专业大户，积极发展行业协会，建立有序的行业自律机制，规范行业竞争，增强服务功能，维护行业内企业和农户的合法权益。在调查研究、总结地方经验的基础上，提出组建全国农业产业化龙头企业协会的方案。

五是以运行监测为重点，强化龙头企业监督约束管理制度建设。针对应对金融危机和宏观经济调控的实际需要，逐步建立重点龙头企业的经济运行监测制度。分行业、分地区掌握龙头企业经济运行状况，及时了解企业生产基地建设、产品加工、市场供求、价格变化、国内外贸易以及带动农户等情况，为国家了解和掌握企业经济运行状况，制定农业农村经济政策提供依据。完善动态管理制度，按照优胜劣汰、有进有出的原则，实行定期监测评估，坚决取消带农增收效果差、履行社会责任不好的重点龙头企业资格，将那些发展潜力大、带动农户增收效果好、社会责任意识强的企业充实到重点龙头企业队伍，保证重点龙头企业的水平。健全龙头企业培训制度，对重点龙头企业高层管理人员和基地管理人员开展培训，提高龙头企业经营管理水平，增强服务农民的能力。

为了推进农业产业化健康发展，要进一步完善农业产业化扶持政策。

一是大幅度增加农业产业化专项资金，设立农业产业化示范区建设专项资金。中央和各级财政要大幅增加农业产业化专项资金，支持龙头企业开展基地建设、设备改造、新技术推广和节能减排等，并对出口龙头企业因金融危机和人民币升值造成的经济损失给予适当补助，提高龙头企业的市场竞争力。设立农业产业化示范区建设专项资金，支持各地产业化示范区的基础设施配套、技术服务和信息服务以及仓储物流设施建设，加快龙头企业集群发展。

二是进一步完善所得税和增值税优惠政策。结合农产品初加工目录范围实行一年来的效果和存在的问题，修订初加工目录范围，完善初加工所得税减免的具体操作办法。参照农业生产资料企业增值税免征的政策，对龙头企业实行增值税免征或者减半征收。将农产品进销项税率统一到17%，解决增值税高征低扣问题，适当提高蔬菜、水产品等我国优势农产品出口退税率。

三是强化金融服务。在风险可控的前提下，鼓励金融机构稳步增加对龙头企业的信贷投放规模，并给予利率优惠，满足龙头企业原料收购、扩大再生产、技术改造等方面的资金需求。对信用记录较好、有订单但暂时出现经营或财务困难的龙头企业，在贷款展期、续贷和项目贷款宽限期等方面继续给予支持。扩大龙头企业有效担保物范围，推广存货质押、应收账款质押、仓单质押、动产浮动质押等多种抵押质押方式。加大农业政策性保险的支持力度，鼓励龙头企业组织农户参加农业保险，并参与灾害评估和赔偿工作。

四是出台龙头企业信贷担保支持政策。中央和地方财政应建立龙头企业信贷担保专项资金，支持发展龙头企业信贷担保公司，给予资本金注入、风险金补偿和税收减免等政策，加快信贷担保业务的发展，解决当前龙头企业和农户的贷款难问题。

五是减轻龙头企业检验检测和用电用水费用。对龙头企业产品的检验检测项目进行清理，取消不合理和重复检验项目，对必要的检验检疫项目降低收费标准。对内销型龙头企业，比照出口企业减半征收检验检疫费用。对龙头企业在养殖小区、设施农业等方面的用地需求优先安排、重点保障。龙头企业种植业、养殖业基地的用水，按照农业用水给予优惠。将龙头企业从事农产品加工、保鲜、贮藏等用电作为农业用电，实行最优惠电价。

第二章　农业产业化国家重点龙头企业运行情况分析

农业产业化经营是我国农村改革发展的产物，是创新农业经营体制的重要内容，是转变农业发展方式、建设现代农业的重要途径。龙头企业是农业产业化经营的关键环节，在推动农业农村经济发展、带动农民就业增收方面有着重要作用。从 2000 年起，国家采取了一系列鼓励和扶持龙头企业发展的政策措施，目前已经形成了以 894 家国家重点龙头企业为核心，以 7500 多家省级龙头企业为骨干，以 8 万多家中小型龙头企业为基础的发展格局。本章通过对 894 家国家重点龙头企业 2007 年、2008 年和 2009 年的运行情况数据进行分析，认为国家重点龙头企业的发展状况呈现如下特点：总体实力不断增强，品牌建设成效显著，基地规模不断扩大，小企业在带动农民就业方面有着重要作用，政策扶持向大型企业和中西部企业倾斜，龙头企业发展的区域差距逐渐缩小，但同时也存在抗风险能力不足、技术创新能力较差、农产品加工增值水平偏低等一些问题。

一、龙头企业取得较快发展

2007~2009 年，尽管受到国际金融危机的冲击，但国家重点龙头企业积极调整结构，大力开拓市场，严格质量管理，加强基地建设，在逆境中依然取得长足发展，尤其是内向型企业，[①] 销售收入和利润总额都有较快增长。

（一）龙头企业经济实力不断增强

1. 资产规模不断扩大

从资产规模看，2009 年，894 家重点龙头企业资产总额达到 1.19 万亿元，企业平均资产由 2007 年的 9.76 亿元增加到 13.3 亿元，年均增长 16.78%，企业规模不断扩大。其中资产超过 100 亿元的国家重点龙头企业有 16 家，超过 50 亿元的有 42 家，占国家重点龙头企业总数的 4.7%。固定资产方面，2009 年 894 家国家重点龙头企业固定资产总额为 3617 亿元，企业平均固定资产由 2007 年的 3.5 亿元增加到 4 亿元，增长了 14.9%，年均增长 7.2%。

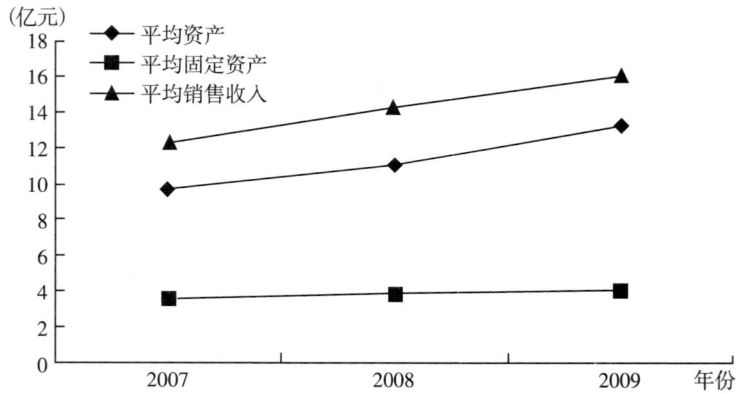

图 2.1　2007~2009 年国家重点龙头企业平均资产规模与销售收入变化情况

2. 销售收入平稳增长

2009 年，894 家国家重点龙头企业销售收入总额为 1.43 万亿元，单个企业平均销售收入达到 16 亿元，与 2007 年相比增长 30.08%，年均增长率为 14.05%。其中，2009 年有 58.8%的企业销售收入达 2 亿~15 亿元，销售收入超过 50 亿元的企业有 62 家，超过 100 亿元的企业有 24 家。

---

① 本章按照 2009 年企业产品出口额与产品销售额的比重来划分，50%及以上为外向型企业，50%以下为内向型企业。894 家国家重点龙头企业中包括外向型企业 91 家，内向型企业 803 家，分别占总数的 10.2%、89.8%。

由于受到国际经济危机的影响，2009 年外向型企业平均销售收入为 4.37 亿元，比 2007 年下降了 5%。而内向型企业 2009 年平均销售收入为 17.32 亿元，比 2007 年增长 31.5%。外向型企业受到经济危机的冲击，销售收入下滑，内向型企业依然保持销售收入的平稳增长，应对经济危机的能力更强。由此可见，企业积极开拓国内市场、增加内需供给是有效应对外部环境变化的重要举措。

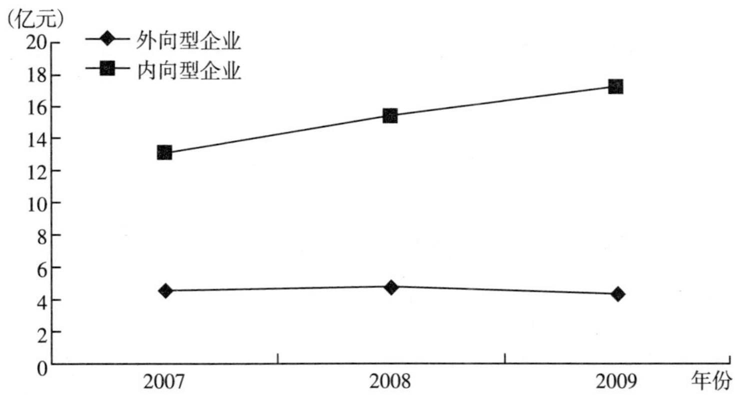

图 2.2 2007~2009 年内向型企业和外向型企业销售收入变化情况

（二）利润水平呈现波动态势

2009 年，894 家国家重点龙头企业实现税后利润总额 583 亿元，平均利润额由 2007 年的 6096.5 万元增加到 6525.9 万元，增加了 7%，年均增长 3.46%。尽管平均利润额有所增加，但利润率在下降，2009 年 894 家国家重点龙头企业销售利润率由 2007 年的 4.96%降到 4.08%，降幅达 18%。这主要是由于 2008 年农产品价格全面上涨，导致企业生产成本增加，利润水平下降。

表 2.1 2007~2009 年国家重点龙头企业平均利润水平

	总体情况			内向型企业			外向型企业		
	2007 年	2008 年	2009 年	2007 年	2008 年	2009 年	2007 年	2008 年	2009 年
平均利润总额（万元）	6096.5	5949	6525.9	6456	6269	7010.6	2972	3127	2248
销售利润率（%）	4.96	4.16	4.08	4.9	4.07	4.05	6.37	6.52	5.15

2009 年外向型企业平均利润额从 2007 年的 2972 万元降到 2009 年的 2248 万元，下降了 23.2%，利润率由 2007 年的 6.37%降低到 2009 年的 5.15%，这主要是由于受到国际市场萎缩的冲击。内向型企业平均利润由 2007 年的 6456 万元增加到 2009 年的 7010.6 万元，增长了 8.6%，尽管如此，内向型企业 2009 年的利润率仅为 4.05%，利润水平依然低于外向型企业。

（三）订单采购快速发展，带农惠农能力显著增强

龙头企业在发展壮大的过程中，不断加大基地建设力度，完善利益联结机制，带农惠农能力进一步增强。

1. 基地面积不断增加，订单采购比例上升

建设高标准生产基地是发展现代农业的重要任务，也是龙头企业稳定发展的基础。2009 年，国家重点龙头企业基地面积总数由 2007 年的 3.01 亿亩增加到 3.67 亿亩，年均增长 10.43%。其中自建基地种植面积 3425 万亩，比 2007 年增长 22.5%，订单基地种植面积 1.68 亿亩，与 2007 年相比增加了 1130 万亩。与此同时，龙头企业还千方百计收购农产品，做到应收尽收，不压级压价，保证农民的经营性收入。2009 年，894 家龙头企业原材料采购额为 5520 亿元，比 2007 年增长 18.5%，年均增长 8.86%。其中订单基地采购额为 2982.1 亿元，比 2007 年增长 30.3%，年均增长 14.15%，订单采购比例达到 54%，成为最主要的采购方式。

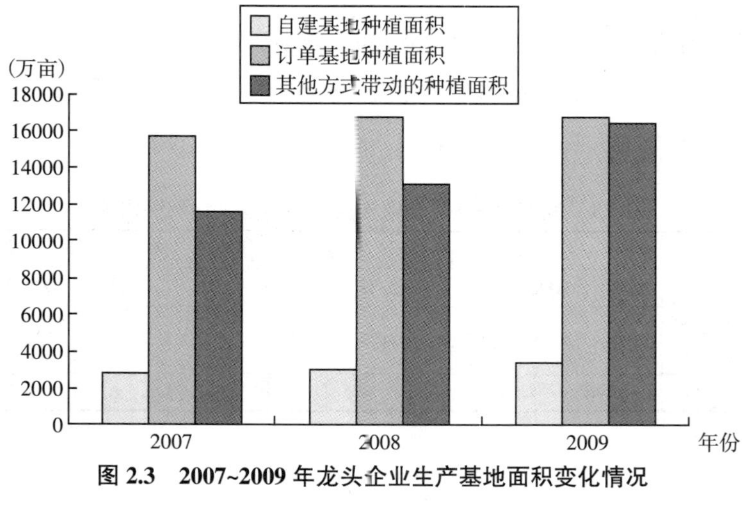

图 2.3　2007~2009 年龙头企业生产基地面积变化情况

2. 利益联结机制日趋紧密

在龙头企业带农惠农的实践中，龙头企业和农户都越来越认识到相互合作、互助共赢的重要性，龙头企业还根据自身的产业特点和农户建立了不同的联结方式，包括合同制、合作制、股份制等方式，其中合同制为主要带动方式，2009 年 894 家龙头企业通过合同制带动农户 4668.4 万户，平均每家企业带动 5.22 万人，比 2007 年增长 16.5%，年均增长率为 7.9%。龙头企业带动农户数量稳定增长，利益联结机制趋于紧密。

3. 带动就业总量增加，小型企业带动就业能力更强

带动农民就业增收是发展农业产业化的根本出发点和落脚点，龙头企业则是达成这一目标的助推器。894 家国家重点龙头企业在克服金融危机不利影响的同时，千方百计稳定就业岗位，保障农民收入，让农民得到更多实惠。2009 年，894 家国家龙头企业职工总数为 270 万人，比 2007 年增长 15.27%，年均增长 7.36%；工资福利总额 437.9 亿元，职工年平均工资 1.62 万元，比 2007 年增长 8.8%，年均增长 4.3%。2009 年，894 家龙头企业聘用季节性临时工 68.1 万人，比 2007 年增加 0.4 万人，季节性临时工工资福利总额 55.8 亿元，年平均工资为 8190 元，比 2007 年增长 18.5%，年均增长 8.9%。

就单位亿元销售收入解决就业情况来看，2009 年为 189 人/亿元，2007 年为 213 人/亿元，下降 11.3%，带动就业的能力有所下降。从不同规模的企业来看，2009 年大型、中型、小型企业① 职工总数分别为 220 万人、46.3 万人、3.83 万人，单位亿元销售收入解决就业人数分别为 189、187、216，小型企业带动就业能力强于大中型企业，是吸纳农村剩余劳动力的有效方式。但由于小企业与大企业相比，抗风险能力较弱，较难得到银行的青睐，在发展过程中存在着贷款难的问题，发展并不充分，其带动就业的能力也未能有效发挥。

① 本章按照 2009 年度企业资产总额将企业划分为大、中、小型企业，其中大型企业是指资产总额 4 亿元以上的企业，中型企业指资产总额在 1 亿~4 亿元的企业，资产总额在 1 亿元以下的为小型企业。894 家国家重点龙头企业包括大型企业 450 家，中型企业 404 家，小型企业 40 家，分别占总数的 51%、45%、4%。

（四）科研投入不足，农产品加工增值水平较低

1. 科技创新意识增强，但科研投入仍然不足

科技创新是龙头企业发展的内在动力，是产品质量安全的重要保证，也是转变企业发展方式的根本要求。龙头企业在近两年的发展中，科技创新意识不断增强，但科研投入仍严重不足。2009 年有 85.9%的国家重点龙头企业建有专门研发机构，58.3%的国家重点龙头企业科研成果获得省级以上科技奖励。企业研发投入进一步增加，2009 年 894 家国家重点龙头企业共投入研发经费 155.9 亿元，比 2007 年增长了 19.6%，年均增长 9.36%，但研发投入与销售收入的比值仅为 1.09%。一般来说，企业科研投入与销售收入比不足 3%，企业缺乏发展后劲很难存活；在 3%~5%，企业能够存活，但创新能力不强，遇到经济危机时很容易被击垮；在 5%以上的企业，才有可能在激烈的市场竞争中崭露头角。894 家国家重点龙头企业作为各个行业中的佼佼者，仅有 57 家企业研发投入与销售收入的比值大于 5%，可见全国 8.97 万家龙头企业平均科研投入水平则更低，有待加强。

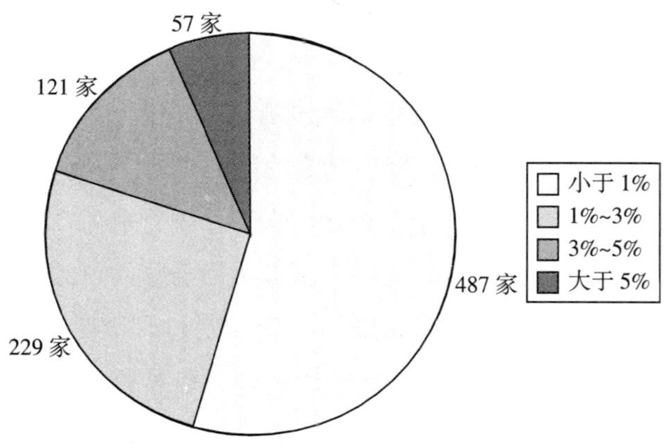

图 2.4　2009 年龙头企业研发投入占销售收入的比重

2. 农产品加工增值水平较低

农业增值最大的环节是加工转化，发展农产品精深加工，对于调整农村产业结构、合理配置农业资源、提高农业效益、增加农民收入具有重要的作用，同时也是吸收农村剩余劳动力、提高农业现代化水平的重要途径。根据有关资料，价值 1 元的初级农产品，经加工处理后，在美国可增值 3.72 元，

日本可增值 2.20 元。2009 年，894 家国家重点龙头企业平均农产品加工增值比由 2007 年的 1∶2.36 提高到 1∶2.59，即价值 1 元的初级农产品经加工处理后可增值 1.59 元，企业加工水平明显提高，但与发达国家相比仍然存在一定的差距，有待进一步加强。

（五）质量安全得到进一步重视，品牌建设彰显成效

农产品的质量安全越来越受到消费者的高度关注。国家重点龙头企业规模化、集约化、标准化程度高，管理体系科学完善，控制能力比较强，产品可追溯制度相对健全，成为农产品质量安全的有力保障者。截至 2009 年底，国家重点龙头企业都建立了较为完善的质量管理制度，90%的企业获得了两种以上的质量认证，大部分龙头企业获得了 ISO9000、ISO2000、GAP、HACCP 等认证。69%的国家重点龙头企业通过了有机食品、绿色食品或无公害农产品的认证。国家重点龙头企业用于质检、认证、检疫等与保障产品质量安全方面的支出逐年增加，2009 年支出总额为 50.43 亿元，比 2007 年增加了近两倍，年均增长 64.95%。

广告宣传和品牌建设是企业在市场竞争中出奇制胜的法宝，是企业进入市场、占领市场先机的有力武器。龙头企业在广告宣传方面的投入也在逐年增长，2009 年国家重点龙头企业广告促销投入为 143.6 亿元，比 2007 年增长 29.5%，年均增长 13.8%。在品牌建设方面，475 家企业获得了驰名商标或名牌产品称号，占总数的 53.1%，品牌建设取得显著成效。

二、龙头企业发展的区域差距逐渐缩小

近年来，在西部大开发和中部崛起战略指引下，中西部地区龙头企业结合自身优势，抓住机遇，加快发展，与东部地区龙头企业的差距逐步缩小。[①]

① 894 家龙头企业中共有东部企业 375 家，中部企业 259 家，西部企业 260 家，分别占总数的 42%、29%、29%。

1. 东部企业规模较大，但中西部企业增长势头更优

2009 年，东、中、西部龙头企业的平均资产分别为 17.7 亿元、10.4 亿元和 9.8 亿元，平均资产之比为 1.8：1.06：1，东部企业规模普遍大于中、西部企业。2009 年，东部、中部和西部龙头企业平均销售收入分别为 19.4 亿元、15.8 亿元和 11.4 亿元，平均销售收入比由 2007 年的 1.8：1.31：1 变化为 2009 年的 1.7：1.39：1，差距正在逐渐缩小。东部地区龙头企业由于其区位优势，在改革开放初期得到了更多的发展机遇和政策支持，平均实力强于中西部企业，但中西部企业增长势头更优，这主要是由于近年来随着西部大开发和中部崛起战略的深入推进，中、西部地区得到的政策支持不断强化，基础设施不断改善，发展环境不断优化，从而为中西部地区国家重点龙头企业的发展创造了良好的条件。

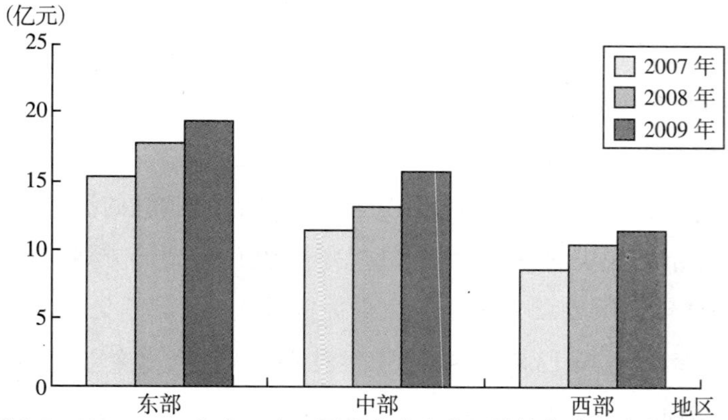

图 2.5　2007~2009 年东、中、西部龙头企业平均销售收入变化情况

2. 东部企业平均利润额最高，但销售利润率不及西部企业

2009 年，东、中、西部龙头企业分别实现利润 285.9 亿元、158.9 亿元、138.6 亿元，企业平均利润分别为 7624.5 万元、6135.4 万元、5330.2 万元。尽管东部实现利润最多，但在利润率方面却并不占优势，2009 年，东、中、西部企业销售利润率分别为 3.94%、3.89%、4.67%，西部企业优势明显。之所以出现这种情况，与东部日益增加的用地成本、劳动力成本有关，在西部大开发等一系列政策的政策激励下，东部的区位优势逐渐减弱。

3. 西部企业科研投入和广告宣传投入力度较大

2009 年，东、中、西部企业平均研发经费分别为 2029.7 万元、1401 万

元、1673.4 万元，与销售收入的比值分别为 1.05%、0.89%和 1.47%。西部企业科研经费投入力度高于东、中部企业，西部地区龙头企业更为重视企业自身的研究开发能力。2009 年，东、中、西部地区龙头企业平均广告促销投入为 1296.8 万元、1717.9 万元、1942.1 万元，分别占销售收入的 0.67%、1.09%、1.7%，西部地区龙头企业在广告宣传上的投入力度最大。由此可见，面临新的形势和机遇，西部地区龙头企业更加关注科技与品牌对企业发展的意义。

4. 西部企业生产基地建设较落后

生产基地作为建设现代农业体系下的基础，对于提高农产品质量安全水平、增强农产品市场竞争力有着重要意义。2009 年，东、中、西部国家重点龙头企业生产基地面积分别为 1.28 亿亩、1.59 亿亩和 7975 万亩，西部地区生产基地面积仅为中部地区的一半，较为落后。其中，东、中、西部龙头企业自建基地种植面积分别为 1574 万亩、1053 万亩和 799 万亩，订单基地种植面积分别为 6192 万亩、7171 万亩和 3428 万亩，东部地区自建基地规模较大，中部地区订单基地种植面积更广。

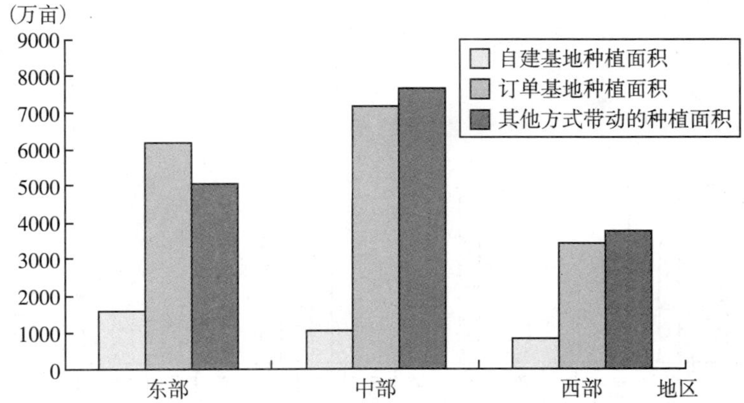

图 2.6　2009 年东、中、西部龙头企业生产基地面积

三、粮油类企业资产规模较大，乳品行业产业集中度较高

2007~2009 年，894 家国家重点龙头企业整体取得了较快发展，但由于行业不同，在发展速度和发展特点方面各有差异。我们按照主营产品进行分类，对粮油、畜禽、果蔬、乳品、水产这五种典型行业[①]的国家重点龙头企业发展情况进行了分析。

1. 粮油类企业资产规模最大

2009 年，粮油类企业的平均资产规模达到 18.63 亿元，比当年 894 家国家重点龙头企业平均资产规模高出 40.1%，这与粮油类产品需求规模大，收购投入资金多，受国家宏观调控的影响较大，利润空间小，导致企业多通过扩大规模来保证利润的客观现实有关。水产类企业则由于经营主体分散，很多都是以村为经营范围，依托资源优势各自为营，"一村一渔"，因此平均资产规模最小，为 6.65 亿元，仅为平均水平的 50%。

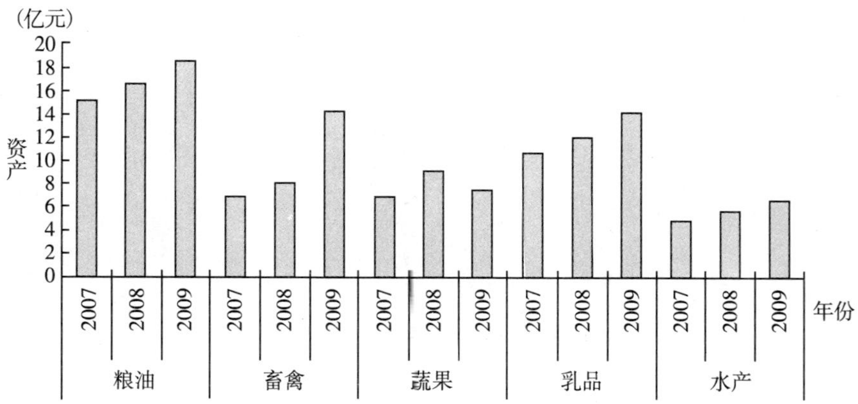

图 2.7　2007~2009 年不同行业龙头企业资产规模比较

① 其中包括粮油类企业 170 家、畜禽类 168 家、蔬果类 124 家、乳品类 56 家、水产类 51 家，并剔除了流通型企业及混营型企业。

2. 畜禽类企业销售收入最高，发展速度最快

销售收入规模较大的两类企业为畜禽类和乳品类企业，2009 年两类企业的平均销售收入分别为 17.84 亿元和 17.72 亿元，分别比 894 家国家重点龙头企业 2009 年的平均销售收入高 11.5%和 10.75%。这主要是由于近年来人民生活水平进一步提高，消费结构优化升级，对畜禽和乳品这类高档食品的需求不断增加。其中畜禽类企业 2009 年销售收入比 2007 年增长 37.2%，年均增长 17.12%，发展速度最快。

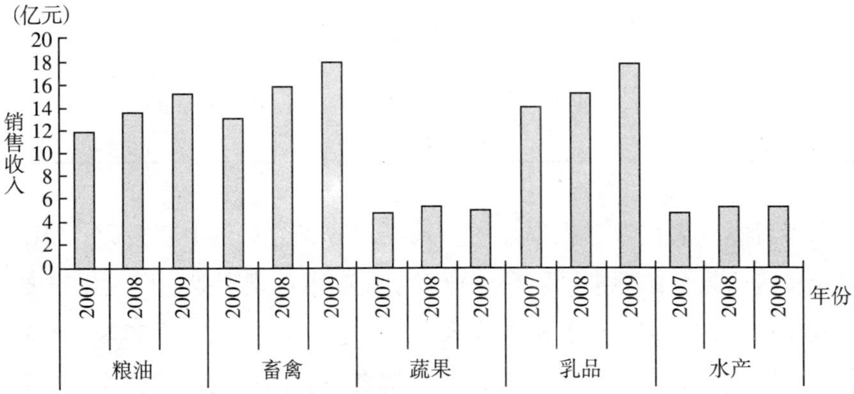

图 2.8　2007~2009 年不同行业龙头企业销售收入比较

3. 果蔬类企业利润率最高，乳品类企业农产品加工增值比最高

2009 年，果蔬类企业销售利润率达到 12.8%，比 894 家企业平均水平高出 2.14 倍之多，销售利润率排名第二的为水产类企业，达到 8.76%，也比平均水平高出 1.15 倍。两类企业都属于产品地域性较明显且市场细分程度较高的行业，这也是其利润率较高的原因。

乳制品是营养价值最接近完善的食物，人均乳制品消费量是衡量一个国家人民生活水平的主要指标之一，乳制品行业对生产、加工、包装、销售各环节的技术要求都十分严格，且近年来乳制品种类不断丰富，产品不断升级，精深加工工艺不断完善，因此，乳品企业的加工增值能力较强。2009 年乳品类企业的农产品加工增值比为 1∶3.87，比 894 家企业的平均水平 1∶2.59 高出 50%，优势明显。

4. 乳品行业产业集中度最高

产业集中度是指特定产业的生产经营集中程度，是反映该产业市场结构

的关键指标。2009 年这五大行业的产业集中度情况如表 2.2 所示。

表 2.2　2009 年五种典型行业产业集中度

行业	粮油	畜禽	果蔬	乳品	水产
CR4（%）	31.18	38.8	23.9	40.86	21.16
CR8（%）	42.05	52.16	33.09	77.8	36.3

表 2.3　植草益的市场结构分类方法

市场结构		CR8 值（%）
粗分类	细分类	
寡占型	极高寡占型（D）	70≤CR8
	高、中寡占型（G）	40≤CR8<70
竞争型	低集中竞争型（J1）	20≤CR8<40
	分散竞争型（J2）	CR8<20

参考日本学者植草益根据业内前八位的行业绝对集中度指标（CR8）对市场结构进行划分的标准，乳品行业属于极高寡占型产业，产业集中度非常高，规模最大的八家企业的销售收入占到了整个乳品行业的 77.8%。这是由于乳制品对生产技术的要求偏高，而消费者对乳制品的质量甄别能力较弱，因此在购买过程中往往更信赖大品牌的质量安全。粮油、畜禽行业属于高、中寡占型产业，果蔬、水产行业属于低集中竞争型产业，竞争较为激烈。

四、政策扶持向中、西部企业倾斜

近年来，对龙头企业的政策扶持力度不断加大，方式不断创新，对推动农业产业化发展、增强龙头企业市场竞争力起到了重要作用。

1. 信贷支持偏好国家重点龙头企业，并逐渐向中西部企业倾斜

中小企业融资难、贷款难是世界性难题。在我国，中小企业量大面广，覆盖各个领域，是最富活力的经济群体。加快中小企业健康发展，对促进农业经济增长、扩大农民就业具有重要意义，但目前融资难、贷款难已经成为制约中小企业发展的“瓶颈”。2009 年 8.97 万家龙头企业贷款总额 4714 亿

元，而894家国家重点龙头企业贷款余额就达到2484.9亿元，占到全部贷款总额的50%以上，可以看出信贷支持对大型龙头企业的偏好，中小型企业得到的信贷支持力度明显不足。

从区域看，信贷支持逐渐向中西部国家重点龙头企业倾斜。2009年东部地区国家重点龙头企业平均贷款余额为2.73亿元，比2007年减少16.8%；中部企业平均贷款余额为2.79亿元，比2007年增加17.2%；西部企业平均贷款余额为2.84亿元，比2007年增加30.9%。东部企业贷款规模呈下降趋势，而对中西部地区的信贷支持力度则不断加大。

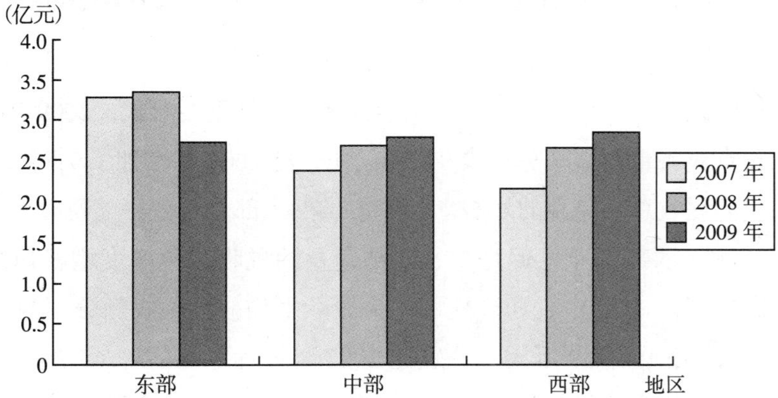

图2.9 2007~2009年东、中、西部龙头企业平均信贷水平变化情况

2. 财政扶持资金减少，向西部企业倾斜

政府部门的财政支持对增强龙头企业市场竞争力和带动力起着十分重要的作用。2009年，894家龙头企业获得财政扶持资金总额为40.1亿元，平均每个企业获得财政扶持资金448.6万元，比2007年减少14.4%。虽然财政扶持资金总量在减少，但是对西部企业的财政扶持力度加大。2009年，东部地区375家、中部地区259家国家重点龙头企业获得财政扶持资金16.97亿元、11.68亿元，分别比2007年减少了20.6%、32.6%；而西部地区260家国家重点龙头企业获得财政扶持资金11.46亿元，比2007年增加了40.7%。2009年，东、中、西部国家重点龙头企业平均得到的财政扶持资金分别为452.5万元、450.8万元、440.6万元，财政扶持资金明显向西部企业倾斜。目前西部企业与东、中部企业获得财政扶持资金的差距逐渐缩小，已经基本持平。

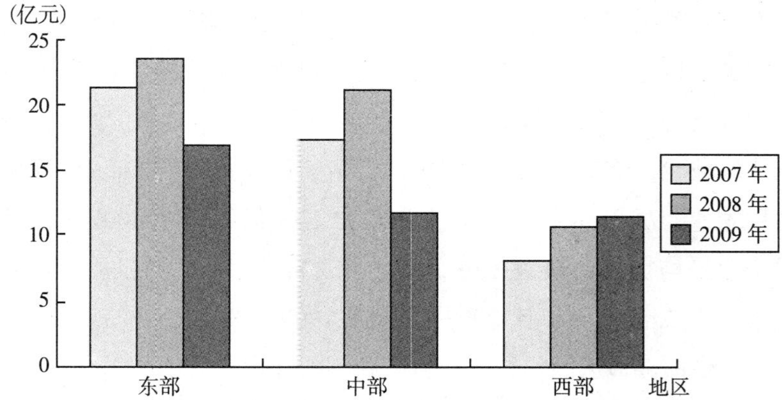

图 2.10　2007~2009 年东、中、西部龙头企业获得财政扶持资金情况

3. 税收减免力度加大，中部企业尤为突出

税收减免也是政府扶持龙头企业发展的一种重要形式，2009 年，894 家国家重点龙头企业共减免税收 93.34 亿元，比 2007 年增加了 7.56%，占当年龙头企业税收总减免额的 66%。其中，虽然东部企业获得的税收减免额度依然高于中、西部企业，但是中、西部企业的税收减免额度增长速度明显加快。2009 年，东、中、西部地区龙头企业平均减免税收额分别为 1438.6 万元、959.7 万元、559 万元，分别比 2007 年增加了 5.8%、65.7%、30%，中西部地区龙头企业得到的税收减免优惠越来越多，对中西部地区的支持力度正逐年加大。

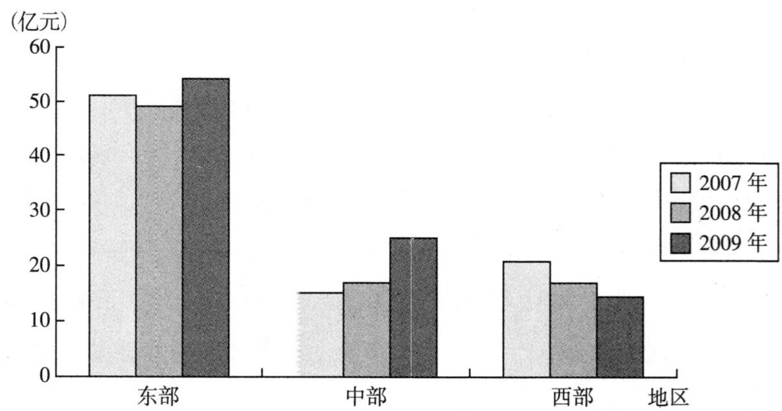

图 2.11　2007~2009 年东、中、西部龙头企业获得税收减免情况

总体上来说，虽然经历了 2008 年全球经济危机的冲击，但国家重点龙头企业还是实现了较快发展，主要表现在：规模不断扩大，区域差距进一步

缩小，品牌建设取得成效，在带动农民就业增收方面的作用不断凸显。随着国内外市场融合程度进一步加深、原材料价格不断上涨以及劳动力成本不断增加，而农产品加工多为劳动密集型行业，受原材料价格和劳动力成本的影响较大，龙头企业面临的竞争越来越激烈，风险越来越大。而龙头企业的技术研发投入普遍不足，创新能力较差，劳动力总体水平偏低，导致抗风险能力薄弱，在激烈的市场竞争中处于不利地位。另外，由于政策扶持不够完善且具有明显的大企业偏好，虽然中小型企业在带动农民就业增收方面的能力更强，却存在着贷款难、拨款少、税收减免额度小等问题，发展很不充分，其有效性也没有得到很好发挥。龙头企业的下一步发展需要考虑以下方面：继续做大做强龙头企业，推动龙头企业集群集聚；加强技术创新，提升企业竞争力；实行标准化生产，防范质量风险；完善利益联结和分享机制，实现包容性增长；完善扶持政策，为龙头企业发展营造良好的环境。

第三章　农业产业化龙头企业发展因素分析

党的十六大以来，中央坚持把解决“三农”问题作为全党工作的重中之重，不断加大强农惠农政策力度，使得我国农业农村经济取得了前所未有的发展。在这种大背景下，我国农业产业化得到快速发展，在推动现代农业建设、促进农民就业增收方面发挥了重要作用。龙头企业作为一种重要的农业产业化组织，已成为连接小生产与大市场的重要纽带，成为转变农业经营方式的重要载体，成为促进农业增效农民增收的主要力量。目前各级政府对农业产业化龙头企业的发展都比较重视，学术界也进行了大量的研究。本章拟在前人研究的基础上，对影响龙头企业发展的诸多因素进行分析，并提出促进农业产业化龙头企业发展的相关政策建议。

一、文献回顾

关于影响农业产业化龙头企业发展的因素，学术界的研究热点主要集中在政府的扶持政策。归纳起来看，主要有下面两种截然不同的观点：

一是对财政扶持龙头企业发展持积极正面的态度。曹利群、周立群（2001）从信息经济学的角度进行分析，认为单个农户的资金实力有限，并且其教育水平和既有的信息存量都有待增进，充当信息收集主体的只能是龙头企业。龙头企业在信息收集的过程中具有正的外部性，应该对龙头企业进行扶持。王春玲（2005）从社会分工的角度，指出龙头企业担负着非常重要的引领地区性分工演进的社会责任，而与企业成长相适应的社会分工环境是非常缺乏的，给龙头企业的发展带来了极高的外生交易费用，加大了企业的运行成本，阻碍了企业的发展，因此需要政府对这类企业进行扶持。杨明洪（2009）认为，农业的“三性”和龙头企业的“四性”是政府扶持龙头企业的理论基础。[①] 一方面，千千万万小规模分散经营的农户，实现了与千变万化的国内外大市场的连接，增强了抵御自然风险和市场风险的能力；另一方面，通过龙头企业在农业产业化经营中的重要作用，使中国找到了解决“三农”问题的路子，因而龙头企业应成为被鼓励、支持的对象。

二是对财政扶持龙头企业发展持消极负面的态度。沈晓明（2002a）探讨了农业产业化政策的市场性目标和公益性目标冲突的现象，并通过对农业上市公司竞争力减弱现象的分析，指出了政府的补贴以及对龙头企业公益性的强调，使龙头企业对政府的依赖越来越严重，竞争力越来越弱。沈晓明等（2002b）通过对农业上市公司的分析，指出补贴收入成为企业利润的重要组成部分，而由于其缺乏长期性、稳定性和增长性，使得农业上市公司逐步丧失了持续发展能力和市场竞争能力。补贴政策在短期内掩盖了上市公司的经济困境，使之不能及时进行内部治理，长期下去使上市公司形成“不找市场找政府”的惯性，补贴政策对农业上市公司的影响是消极而深远的。林万龙等（2004）通过对农业产业化龙头企业政府财税补贴政策效率的研究，指出我国政府对农业产业化龙头企业的扶持政策缺乏效率，政府扶持并没有直接带来所期望的龙头企业农业相关产出的增长，我国现行的扶持政策在操作上存在很大偏差。郑风田等（2005）指出，依靠行政对龙头企业的强力扶持会带来很多问题，其一是真正有增长潜力与带动能力的企业未被选为龙头企业，而一些缺乏潜力的企业却通过各种关系被误扶；其二是行政力量向企业的渗透影响了企业的市场化选择；其三是政府扶持产生软预算约束问题，指出政府扶持的龙头企业大都成为“扶不起的阿斗”，并成为不良贷款形成的重要原因。田祥宇等（2009）运用博弈学理论，从地方政府与上级政府的博弈、龙头企业与当地地方政府的博弈、龙头企业与农户之间的博弈三个方面

① 农业“三性”即农业在国民经济中的“基础性”、农业在市场经济中的“弱质性”、农业在社会关系环境中的“多功能性”。龙头企业“四性”即龙头企业在农业产业化经营中的主导性、龙头企业在经营领域的涉农性、龙头企业在经营成果上的低效益性和龙头企业在作用上的多功能性，这决定了鼓励扶持龙头企业的重要意义。

进行了分析，这种多方博弈造成了地方保护主义的加剧与龙头企业的过度依赖，政府对龙头企业扶持有余而风险控制不足，而且还会对龙头企业的生产经营进行干预，这些都会导致财政扶持效率的低下。黄宗智（2010）的研究表明，龙头企业尽管受到了政府大量资金、政策的扶持，但发展依然缓慢，与此相伴的是合作社的快速发展，相比龙头企业，作者更倾向于支持合作社的发展。

除了分析政府扶持政策的影响，还有学者对农业产业化龙头企业的生产效率进行了分析（徐勇等，2007；姜岩等，2005；孟令杰等，2005；王茜等，2009）。王茜等（2009）的研究具有代表性，通过对 42 家农业产业化龙头企业 2007 年的生产效率进行总体分析和评价，显示了农业产业化龙头企业虽然在生产效率方面呈现出良好的发展态势，但总体上仍处于依靠规模扩张量的增长阶段，技术因素对效率的提升作用不明显。她提出要从根本上提高我国农业产业化龙头企业的生产效率，必须依靠技术，提高技术因素对企业生产效率改善的贡献率。另外，规模问题制约着龙头企业的发展，龙头企业规模总体偏小，而且单位产出率不高，粗放式经营特征明显，龙头企业要实行适度规模经营战略，通过企业兼并重组促进专业化分工。

总体来看，目前的文献多是从某一方面探讨对龙头企业发展的影响，因而对企业发展的影响因素缺乏全面的掌握。另外，目前研究使用的数据基本上都是农业上市公司的数据，由于农业上市公司数量较少，导致样本量太小。本章使用农业产业化国家重点龙头企业的数据，对影响企业发展的因素进行全面分析，以期了解龙头企业发展的影响因素。

二、农业产业化龙头企业发展的影响因素分析

（一）变量的选取

本文采用柯布—道格拉斯函数（C–D 生产函数）来分析龙头企业发展的影响因素。C–D 生产函数是用来预测国家和地区的工业系统或大企业的生产

和分析发展生产途径的一种经济数学模型，它的基本形式是 $Y=A(t)L^{\alpha}K^{\beta}\mu$，其中 A（t）是综合技术水平，L 选用的是企业的雇佣工人数，K 选用的是企业的资产规模。随后的研究者对该函数进行了丰富和扩充，加入了制度、人力资本等不同变量。

本章选取龙头企业的主营业务收入来表示企业的发展情况。之所以选择主营业务收入而没有选择销售收入，是因为现在很多企业开展多元化经营，企业销售收入并不代表企业在农业产业化经营方面的业绩，而且很多政府支持政策都是对龙头企业中农产品生产经营的补贴，因此，用主营业务收入代表企业的发展状况比较合适。另外，本章还使用 C-D 生产函数分析企业的利润情况和企业就业容量的影响因素，变量分别选取企业当年税后利润和企业当年用工总数。

在影响企业的发展因素中，本章选取了年末贷款余额、资产总额、财税扶持总额、企业职工数、企业研发经费、企业广告促销投入等变量。企业年末贷款余额反映了企业面临的金融环境，而资产总额和企业职工数表示企业的资本和劳动力情况，财税扶持总额是政府给予企业的税收优惠和财政补贴，财税扶持总额是由企业当年获得的增值税减免额、所得税减免额、其他税费减免额、财政扶持资金总额加总得到；企业研发经费代表了企业在技术创新上的投入，很多研究都表明对企业发展有着至关重要的影响；企业广告促销投入是企业用于品牌建设、产品宣传、市场营销的投入，在市场竞争日益激烈的今天，广告促销对企业发展有着很大的影响。

（二）数据来源

龙头企业根据是否经过认定，分为两大类：一类是符合一定扶持条件的所有涉农农业产业化企业，即一般的龙头企业。这类企业无须政府的认定，只要符合一定的条件便可以享受政府的扶持政策。另一类是特定的企业，即由各级政府所认定的农业产业化重点龙头企业。目前，我国农业产业化龙头企业形成了以 894 家国家重点龙头企业为核心，以 7500 多家省级龙头企业为骨干，以 8 万多家中小型龙头企业为基础的发展格局。

国家重点龙头企业是龙头企业中企业规模较大、市场竞争力较强、带农惠农能力显著的一类企业。官方最权威的定义是："农业产业化国家重点龙头企业是指以农产品加工或流通为主业，通过各种利益联结机制与农户相联系，带动农户进入市场，是农产品生产、加工、销售有机结合、相互促进，在规模和经营指标上达到规定标准并经全国农业产业化联席会议认定的企业。”各省市甚至县都开始了省市县级的重点龙头企业认定工作。从 2000 年国家八部门认定了第一批农业产业化国家重点龙头企业，到目前已经认定了四批，共有 894 家。

国家重点龙头企业的生产经营状况在整个龙头企业中具有很强的代表性和典型性。本章的分析选用农业产业化国家重点龙头企业的财务数据，通过对这 894 家企业 2007~2009 年的生产经营情况进行分析，了解企业销售、利润、带动就业等方面的影响因素，尤其是企业规模、扶持政策、科研投入、广告宣传等方面对企业发展的影响。其数据来自国家产业化联席会议办公室。

（三）国家重点龙头企业的总体情况分析

1. 龙头企业规模逐步扩大

2009 年，894 家企业资产总额达 1.19 万亿元，每个企业平均资产总额为 13.3 亿元，比 2007 年增长 36.4%，年均增长 16.8%。销售收入总额为 1.43 万亿元，龙头企业平均销售额为 16 亿元，比 2007 年增长 30%，年均增长 14%。2009 年，龙头企业主营业务收入总额为 1.09 万亿元，平均销售额为 12.2 亿元，比 2007 年增长 12.2%，年均增长 5.9%。从这里我们也可以看到，龙头企业主营业务销售收入的增长是慢于企业总的销售收入增长的，这表明农业产业化龙头企业多元化经营有所显现，企业有离农趋势。从近三年的企业主营业务收入占总销售收入的比重也可以看出这一点。2007~2009 年企业主营业务收入占销售收入的比重分别为 88.2%、80.4%和 76.1%，呈逐年下降趋势。

2. 利润总额企稳回升

2009 年，龙头企业利润总额为 583.4 亿元，企业平均利润额为 6526 万元，比 2007 年增长 7%，年均增长 3.6%。受金融危机的影响，2008 年企业利润总额为 531.8 亿元，比 2007 年下降 2.4%。2007~2009 年企业平均销售利润率分别为 9.42%、9.01%、9.39%，2008 年企业利润率有较大幅度下降，尽管 2009 年有所回升，但仍低于 2007 年的企业利润情况。

3. 政策扶持力度保持平稳

国家对农业产业化龙头企业的扶持政策主要包括信贷政策、税收优惠政策、财政补贴政策等方面。2009 年，龙头企业获得贷款总额 2484.9 亿元，企业平均贷款 2.78 亿元，比 2008 年下降 6%。2007~2009 年龙头企业获得的财税扶持总额分别为 133.6 亿元、138 亿元和 133.4 亿元，企业平均获得财税支持 1495 万元、1544 万元和 1493 万元，财税政策对农业产业化龙头企业的扶持力度保持平稳。

4. 企业职工与带农数量稳步增长

2009 年，894 家重点龙头企业职工总人数 270 万人，企业平均职工数 3020 人，比 2007 年增长 15.3%，年均增长 7.4%。龙头企业辐射带动农户总数达 7966.8 万户，企业平均带动农户数 8.9 万户，比 2007 年增长 18%，年均增长 8.63%。

5. 企业研发和广告投入稳步增长

2009 年，企业共投入研发经费 155.9 亿元，企业平均研发投入 1743 万元，与 2008 年基本持平，比 2007 年增长 19.6%。2009 年企业研发投入强度（研发投入占销售收入的比）仅为 1.09%，远低于国内重点工业企业 3%和发达国家工业企业 5%的研发投入强度。2009 年企业广告宣传总费用为 143.6 亿元，企业平均广告宣传费用为 1606 万元，比 2007 年增长 29.5%，年均增长 13.9%。

三、模型的建立与计量结果

根据上面的分析，我们建立影响龙头企业主营业务收入的模型。

模型(1)分析影响企业主营业务收入(y)的因素，自变量分别为企业资产总额（k）、企业职工数（l）、企业获得信贷支持（cr）、企业获得财税扶持总额（cs）、企业研发支出（rd）、企业广告宣传支出（ad），建立如下模型：

$$\ln y_{it} = \beta_1 + \beta_2 \ln k_{it} + \beta_3 \ln l_{it} + \beta_4 \ln cr_{it} + \beta_5 \ln cs_{it} + \beta_6 \ln rd_{it} + \beta_7 \ln ad_{it} + \mu_{it} \quad (1)$$

使用 eviews 6.0，采用固定效益模型（FEM），模型（1）的估计结果如表

3.1 所示。

表 3.1 企业主营业务销售收入影响因素分析

变 量	系 数	标准差	t 统计量	p 值
常数项	1.138	0.072	15.823	0.000
资产总额（k）	0.534	0.029	18.383	0.000
职工数（l）	0.213	0.019	11.191	0.000
信贷支持（cr）	0.010	0.020	0.505	0.613
财税扶持（cs）	0.042	0.012	3.453	0.001
研发投入（rd）	0.074	0.013	5.721	0.000
广告宣传（ad）	0.035	0.010	3.301	0.001

从表 3.1 的结果可以看出，影响龙头企业发展的因素中，资产总额、职工数、财税扶持、研发投入、广告宣传投入都是显著为正的，表明财税扶持、研发投入和广告宣传投入对龙头企业的发展都有积极的影响。财税扶持的系数为 0.04，表明政府财税扶持资金每增加 1%，企业主营业务收入增加 0.04%。以 2009 年龙头企业的总量数据为例，2009 年政府财税扶持资金总额为 133.4 亿元，企业主营业务收入 1.09 万亿元，如果政府财税扶持增加 1%，即增加 1.33 亿元，企业主营业务收入能增加 4.6 亿元，政府的鼓励、引导与扶持对龙头企业发展的积极作用还是非常明显的。研发投入和广告宣传投入的系数分别为 0.074 和 0.035，表明企业通过增加研发投入和广告宣传投入能有效地增加企业的主营业务收入，促进企业的发展。目前，龙头企业总的研发经费和广告宣传费用增长并不快，这可能是由于当前龙头企业规模普遍偏小，效益较低，投入研发和宣传的资金较为有限，下一步政府应在搭建企业研发平台和宣传平台的基础上，积极引导企业在研发和广告宣传上加大投入。

通过表 3.1 还可以看出，企业贷款额对销售收入的影响并不显著，这与我们的判断不相一致。从我们对一些龙头企业的了解看，一些实力雄厚的企业往往较容易获得贷款；相反，一些对资金需求非常迫切的中小企业，贷款难度却很高。而且，目前很多龙头企业离农的趋势比较明显，很多贷款用在了主营业务以外的行业。这些原因可能导致了企业贷款对龙头企业主营业务收入的影响并不显著。

模型（2）分析龙头企业利润（r）的各种影响因素，建立模型如下：

$$\ln r_{it} = \beta_1 + \beta_2 \ln k_{it} + \beta_3 \ln l_{it} + \beta_4 \ln cr_{it} + \beta_5 \ln cs_{it} + \beta_6 \ln rd_{it} + \beta_7 \ln ad_{it} + \mu_{it} \quad (2)$$

使用 eviews 6.0，采用固定效益模型（FEM），模型（2）的估计结果如表 3.2 所示。

表 3.2　企业利润影响因素分析

变　量	系　数	标准差	t 统计量	p 值
常数项	−0.377	0.095	−3.948	0.000
资产总额（k）	0.615	0.038	16.015	0.000
职工数（l）	0.168	0.025	6.709	0.000
信贷支持（cr）	−0.102	0.026	−3.910	0.000
财税扶持（cs）	0.100	0.016	6.166	0.000
研发投入（rd）	0.115	0.017	6.732	0.000
广告宣传（ad）	0.070	0.014	5.077	0.000

从表 3.2 可以看出，企业资产总额、职工数、政府财税扶持资金、企业研发投入与广告宣传投入对企业的利润都有显著的正的影响，其中政府财税扶持的系数为 0.100，即财税扶持资金每增加 1 个百分点，企业利润增长 0.1%。从 2009 年的情况看，政府投入增加 1.3 亿元，企业利润增加 0.6 亿元，这说明政府财税扶持资金对企业盈利能力乃至竞争力的影响较为有限，财政资金的使用效率不高，很多企业甚至在依靠财政的补贴维持。研发投入和广告宣传投入的系数分别为 0.115 和 0.070，研发投入和广告宣传投入的乘数效应并未显现，这表明研发投入和广告宣传的投入耗资较大，由于存在一定的滞后性与投入风险，使得当前企业对这两方面的投入积极性并不高。表 3.2 中企业贷款的系数显著为负，可能的原因是受金融危机的严重冲击，很多龙头企业需要依靠贷款渡过难关，进而增加了企业的财务成本，影响了利润。

模型（3）分析龙头企业带动就业能力的影响因素，建立模型如下：

$$\ln l_{it} = \beta_1 + \beta_2 \ln k_{it} + \beta_3 \ln y_{it} + \beta_4 \ln cs_{it} + \beta_5 \ln rd_{it} + \beta_6 \ln ad_{it} + \mu_{it} \quad (3)$$

使用 eviews 6.0，采用固定效益模型（FEM），模型（3）的估计结果如表 3.3 所示。

从表 3.3 可以看出，资产总额、主营产品销售额、研发投入、广告宣传对企业的就业容纳能力都有正的显著的影响，而政府财税扶持支出对企业的

表 3.3　企业就业容纳能力的影响因素分析

变　量	系　数	标准差	t 统计量	p 值
常数项	−0.262	0.087	−3.007	0.003
资产总额（k）	0.348	0.028	12.479	0.000
销售额（y）	0.298	0.026	11.295	0.000
财税扶持（cs）	0.006	0.014	0.416	0.678
研发投入（rd）	0.080	0.015	5.326	0.000
广告宣传（ad）	0.048	0.012	3.999	0.000

就业容纳能力影响并不显著，这表明当前的财税直接补贴政策对增加就业的效果是不明显的，未来政府的扶持政策应注重政策对企业技术研发、市场开拓等方面的引导作用。

四、结　论

通过对 894 家农业产业化国家重点龙头企业主营业务收入和利润的分析，我们发现，企业规模对企业的发展有着积极的促进作用；目前的信贷政策对龙头企业的促进作用并不显著；政府财税扶持政策对龙头企业的发展起到了积极的推动作用，但资金使用效率不高；企业研发与宣传投入尽管能有效促进企业发展，但投入大、见效慢、风险高等因素制约了企业在这些方面的进一步投入。

下一步要不断优化政府信贷和财税扶持政策。信贷政策要降低中小龙头企业的门槛，不仅做到锦上添花，更要做到雪中送炭。财税扶持资金应起到引导、导向作用，鼓励、支持社会各种资金共同投入。政府在制定扶持政策时要把引导地方政府配套投入、吸引社会资金投入、带动企业自身投入作为是否进一步扶持的考核指标。另外，政府扶持也应从直接补贴、税收减免逐步过渡到对龙头企业在技术、设备、人才、基地、营销等方面上来，以提高龙头企业的市场竞争力和可持续发展能力为目标，积极探索新的、更科学的扶持方式。政府在转变扶持方式的同时，还要转变职能，从指导甚至干涉企业的生产经营转变到为企业发展营造良好氛围，积极搭建产学研平台，做好营销服务，规范市场管理，简化审批程序，杜绝不合理的收费等。

对龙头企业而言，一方面，要加强联合与合作，发挥规模效应，加大产品营销、科技研发、人才培训、市场开拓等方面的合作，集群集聚发展，从而有效降低交易成本与市场风险，有效提高龙头企业整体的竞争能力；另一方面，要通过兼并、重组等多种形式，做大做强企业，从而增强抗风险能力和辐射带动能力，为企业的可持续发展打下坚实的基础。

第四章　农业产业化经营政策效果及演进趋势

农业产业化经营和家庭联产承包责任制、乡镇企业、村民自治等一样，曾被视为中国农民的伟大创造之一。尽管这一评价从世界经济发展史的角度看有些言过其实，但农业产业化经营对我国农村经济发展的巨大促进作用是毋庸置疑的。自 20 世纪 90 年代中期以来，人们对农业产业化经营的认识不断深入，关注程度不断提高，各级政府也从实现中国农业现代化的高度，不断加大对农业产业化经营的扶持力度，制定出台了一系列政策措施。

在政府和社会各界的精心培育和共同努力之下，我国农业产业化经营历经风雨，走过了极不平凡的 20 多年的历程，由当初零星的自发探索变成今天广泛的积极参与，由当年的微不足道变成今天农村经济极为重要、不可或缺的组成部分。毫不夸张地说，农业产业化经营的发展壮大，构成了中国农村改革发展伟大历程中的华彩篇章之一。之所以如此，是因为农业产业化经营重构了我国农业产业链条，培育了大批富有生机和活力的农村经济主体，将技术、管理、营销等现代化生产要素引入农业领域，极大地提升了我国农业的发展层次、发展领域、组织化水平和综合竞争力。

我国农业产业化经营的发展历程再次证明，好政策可以解放和发展生产力，而且好政策不是一成不变的，需要因时、因势而异。站在农业产业化经营新的历史起点上，系统地回顾农业产业化经营政策出台、实施和演变的历程，总结政策的成效与不足，可以更好地深化认识、调整思路，推动出台适合新阶段需要的政策措施，进而形成促进新时期农业产业化经营健康快速发展的强大动力。

以此为目的，本章将从三大部分逐步展开。第一部分是农业产业化经营政策的主要内容，在回顾政策演变背景和阶段的基础上，重点从财政、税收、信贷等方面概括产业化经营政策的主要内容。第二部分是农业产业化经营政策的执行情况，在总结政策执行效果的基础上，分析政策执行中存在的问题与不足。第三部分是农业产业化经营政策的演进趋势，围绕未来一个时期农业产业化经营的发展倾向和实际需要，从扶持对象、政策实施、政策目标、政策手段等方面，展望农业产业化经营政策的演进趋势。

一、农业产业化经营政策的主要内容

农业产业化经营是在我国农村改革和社会主义市场经济发展的大背景下产生的一种农业生产经营组织形式，其最早的雏形是 20 世纪 80 年代后期沿海地区出现的贸工农一体化、产加销一条龙的生产经营模式。此后，政府对农业产业化经营持鼓励和提倡态度。直到 90 年代中期以后，政府扶持政策才逐步出台，政策内容才不断丰富，政策体系才不断健全。

（一）政策出台的背景

20 世纪 80 年代中期以后，农业市场化的要求与经济体制之间存在的矛盾和问题逐步显现出来。一方面，随着农村家庭承包经营制度改革和社会主义市场经济体制的确立，小农户如何与大市场对接，如何满足城乡居民日益多样化、优质化的农产品需求，成为我国农业发展面临的重大课题；另一方面，随着农业生产力水平的提高、农业结构调整的深化、农户分工分业的发展以及产业链条的延长，农业市场化程度不断提高，社会化程度逐步加深，客观上要求出现新的生产经营组织方式，克服原来产前、产中、产后环节割裂所带来的市场风险大、交易费用高等弊病，促进生产力水平的提高。在这两个方面的要求下，农业产业化经营作为一种新的生产经营组织方式应运而生。但是，农业产业化经营的发展并非一帆风顺，在市场经济观念尚未深入人心的发展初期遭受过质疑；在市场经济体制确立以后，农业产业化经营发展中的问题开始充分暴露，如企业规模偏小、融资困难、创新能力弱、带动能力不强、生产基地规模小、利益联结机制不健全等，这些问题在很大程度上制约了农业产业化经营的发展。有效地解决了农业产业化经营面临的难题，成为深化农业结构调整、促进农业增长方式和经营方式根本转变的当务之急。在此背景下，有针对性的农业产业化经营扶持政策开始制定并出台。

（二）政策变化的阶段

对于农业产业化经营这种新的生产经营组织方式，政府的认识是逐步深入的，相应的政策也经历了由提倡鼓励到大力支持的转变。国家对农业产业化的扶持政策大体可以分为三个阶段：

第一阶段，20 世纪 80 年代末期到 90 年代中期，提倡和鼓励阶段。在此阶段，尽管政府发现了农业产业化经营的重要作用，但是对它的态度主要是鼓励和提倡，允许各种贸工农、产加销一体化组织的发展，并没有把这种组织方式创新提高到我国农业现代化主要途径的高度来认识，因此实际的支持政策并不多。1995 年 12 月 11 日，人民日报发表社论《论农业产业化》，充分肯定了山东潍坊等地农业产业化经营的成功做法，并阐述了农业产业化的内涵、意义和地位等，进一步统一和提高了人们对于农业产业化经营的认识。

第二阶段，20 世纪 90 年代后期，正式确认阶段。到 1998 年，国家正式确认了农产业化经营这种新的经营形式，并把培育龙头企业作为发展农业产业化经营的关键，要求各地和各部门加大支持力度。此后，中央文件陆续要求，各地要选择一批市场开拓能力强的龙头企业予以扶持，并明确了国家支持龙头企业政策的重点方面和关键环节，而且龙头企业的经营领域也逐渐不再局限于农业生产领域，鼓励加工和流通企业担当龙头企业，并对所有具备市场开拓能力的龙头企业一视同仁地予以扶持。

第三阶段，进入 21 世纪以来，扶持措施大规模出台。在这一阶段，农业产业化经营的发展面临诸多困难，如资金紧张、技术创新能力低下、产品销售难度加大等，仅靠农业产业化经营组织和农民无法在短期内迅速克服这些困难。在“扶持产业化就是扶持农业、扶持龙头企业就是扶持农民”思想的指导下，政府进一步强调要加大对产业化龙头企业的扶持力度，并出台了大量具体的政策措施，涵盖财政、税收、金融等各个方面，促进了资金、技术、土地、原料等生产要素向龙头企业的快速集中。

（三）政策的主要内容

1. 财政扶持政策

为加大对农业产业化经营的财政支持力度，近几年中央相关文件中都有明确要求，有关部委也制定了相应的具体实施意见，扶持农业产业化经营的财政政策主要有以下内容：

（1）设立农业产业化专项资金。各级财政要安排并增加支持农业产业化发展的专项资金，较大幅度增加对龙头企业的投入，对符合条件的龙头企业的技术改造项目贷款可给予财政贴息，对龙头企业为农户提供培训、营销服务，以及研发引进新品种新技术、开展基地建设和污染治理等，可给予财政补助。

（2）支持龙头企业建设生产基地。为引导龙头企业大范围带动生产基地和农户，形成“龙头企业+生产基地+农户”的产业化经营新格局，对于重点龙头企业带动的生产基地建设等，中央财政要继续给予支持，地方财政也要做出具体安排。对能带动当地主导产业发展的大型农业产业化项目，各级政府在资金上要给予重点支持。

（3）探索建立支持农业产业化发展的投资资金。积极探索建立以重点龙头企业为主体的农业产业化发展投资基金。特别是近两年来，中央对这一政策又多次加以强调，要求各级财政要较大幅度地增加对龙头企业的投入，支持龙头企业的发展。要整合各类农业投入资金，形成多方推进的合力。农业综合开发资金也要继续加大对农业产业化经营的扶持力度。

2. 税收优惠政策

相对于财政支持政策，税收政策的相关规定更加详尽具体，可操作性更强。有关部门结合实际制定了一系列税收优惠政策，以减轻龙头企业的税收负担，主要的政策措施有：

（1）暂免征收重点龙头企业的所得税。对重点龙头企业从事种植业、养殖业和农林产品初加工所得，比照财政部、国家税务总局《关于国有农业企事业单位征收企业所得税问题的通知》［财税字（1997）49号］规定，暂免征收企业所得税。对免税企业做出了具体规定：第一，对符合下列三个条件的企业，可以暂免征收企业所得税。一是经过全国农业产业化联席会议审查认定为重点龙头企业；二是生产经营期间符合《农业产业化国家重点龙头企业认定及运行监测管理暂行办法》的规定；三是从事种植业、养殖业和农林产品初加工，并与其他业务分别核算。第二，重点龙头企业所属的控股子公司，其直接控股比例超过50%（不含50%）的，且控股子公司符合第一条第三个条件，可享受重点龙头企业的税收优惠政策。2008年1月实施的新《企业所得税法》，进一步明确了农产品初加工所得税优惠政策。2008年11月，财政部、国家税务总局下发了《关于发布享受企业所得税优惠政策的农产品初加工范围（试行）的通知》，进一步明确了免征企业所得税的农产品初加工范围。

（2）减轻产业化企业的增值税负担。各级、各部门要按照国家有关财税政策和制度规定，采取切实措施，帮助龙头企业和农户提高抵御市场风险的能力。对部分农业生产资料免征增值税。自2002年1月1日起，增值税一般纳税人购进农业生产者销售的免税农产品的进项税额扣除率由10%提高到13%。此外，为进一步促进农产品加工业发展，要创造条件以完善农产品加工增值税政策，开展农产品精深加工增值税改革试点。

（3）对部分进口农产品加工设备免征进口关税和进口环节增值税。对于符合国家高新技术目录和国家有关部门批准引进项目的农产品加工设备，在《国内投资项目不予免税的进口商品目录（2000年修订）》所列商品以外的，免征进口关税和进口环节增值税。对于龙头企业从事国家鼓励类的产业项目，引进国内不能生产的先进加工生产设备，按有关规定免征进口关税和进口环节增值税。

3. 信贷支持政策

从20世纪90年代以来，中央文件多次明确要求，金融机构要创新金融服务手段和加大信贷支持力度以扶持农业产业化经营。中央支持农业产业化的金融政策主要有三个出发点：一是满足重点龙头企业资金需求；二是降低重点龙头企业融资成本；三是对农业产业化重点领域加大支持力度。在贯彻和落实有关中央文件精神时，财政部、农业部、中国农业银行、中国农业发展银行等相关部门加强合作，制定了具体的信贷支持政策，主要内容有：

（1）国有商业银行要把扶持农业产业化经营作为信贷支农的重点，在资金安排上给予倾斜。对重点龙头企业，依据企业正常生产周期和贷款用途合理确定贷款期限，并按中国人民银行规定的利率执行，原则上不上浮。对于重点龙头企业用于基地建设和技术改造项目的贷款，农业主管部门可以向商业银行推荐，商业银行按照信贷原则和相关程序予以优先安排。为了解决以粮棉等大宗农产品为原料的大型加工企业收购原料所需资金量大、占用时间长的问题，商业银行可以根据重点龙头企业与基地农户签订的合同核定所需收购资金，根据授信权原则给予信贷支持。对资信好的龙头企业可以核定一定的授信额度，用于收购同基地农户签订合同的农产品。农业银行要进一步加大支持力度，对参与扶贫开发的龙头企业给予重点扶持。创新信贷担保手段和担保办法，采取动产质押、仓单质押等多种形式，帮助龙头企业解决抵押困难。

2002 年，农业银行发文就加大支持农业产业化力度的信贷措施做出如下具体规定：①集中资金规模，加大对重点龙头企业的支持力度，对“集团型、科技型、外向型、资源型、带动型”的龙头企业信贷资金规模的配置要优先安排，对总、分行重点营销优质客户的信贷计划要直接配置到户，并实行期限管理。②实行本外币联动、常规贷款与专项扶贫相结合的方式。③贷款需要执行浮动利率的要根据企业的存款、结算、农行的综合收益和当地的金融市场环境，依照审批权限确定浮动比率。④实施分类指导、区别对待，加大倾斜力度。一是对信用等级在 AA 级以上、资产负债率在 70%以下、连续两年以上盈利的重点龙头企业季节性收购资金的需求，采取“期限管理、库贷挂钩、专款专用、封闭运行、进贷销还”的操作方式。因此而增加的信贷计划实行期限管理，允许跨年度使用，专人负责、专户管理，到期收回；对超过授信额度的通过“特别授信”增加企业授信；对特别优良的客户符合条件的可以发放信用贷款。二是可适当放宽龙头企业、基础设施和公共服务项目使用扶贫贷款的条件，在充分考虑贷款安全的前提下，资本金比例可降至 20%，信用等级可放宽至 A 级，抵押率可提高 5~10 个百分点，资产负债率可提高 5 个百分点，贷款期限可适当延长。⑤改善金融服务，提高运作效率。一是对重点客户实行量身定做、个性差异化的服务；二是加快贷款各环节运作速度，提高服务效率。在统一推行授权授信管理和不违背公开统一授信条件的前提下，扩大公开授信客户范围，由总行、一级分行选择一批重点龙头企业实行公开统一授信，对符合条件的企业允许其申请可循环使用信用，对公开授信的客户简化有关信用业务的审批手续；对特别优良的AAA级龙头企业根据其信贷需求通过“绿色通道”予以特事特办。⑥进一步探索支持龙头企业带动贫困户连片脱贫的扶贫方式。把支持龙头企业与信贷扶贫工作有机结合起来，集中扶贫贷款规模，重点支持一批能够带动贫困户脱贫的农业产业化龙头企业。

2010年，农业部和中国农业银行联合发出《关于支持农业产业化龙头企业发展的意见》（农经发［2010］5号）提出，农业产业化部门与农业银行实施战略合作，突出重点领域，有针对性地支持一批竞争能力强、带动农户面广、经济效益好的龙头企业和农业产业化示范区，着重支持省级以上龙头企业。主要支持领域有：龙头企业的基地建设、技术改造、扩大再生产和节能减排，农产品收储、加工、销售服务体系建设，粮食、棉花、油料、糖料、生猪等大宗农产品的仓储、运输等物流节点建设，园艺、观光、特种养殖和乡村旅游等特色产业，农业产业化示范区建设，重点产区和集散地农产品批发市场、集贸市场等流通基础设施建设，农产品冷链系统、配送中心、电子商务等。农业产业化部门要做好企业和项目推荐工作，积极配合农业银行做好龙头企业信用评定工作，建立企业信用记录资料库。各级农业银行要根据现代农业建设和龙头企业发展的新要求，稳步增加贷款投放规模，创新产品和服务，加大支持力度。对于农业产业化部门推荐的、符合本行信贷规定的龙头企业和项目，及时纳入营销和信贷支持范围，按照择优扶持、控制风险的原则，优先受理、优先调查评估、优先安排资金规模。农业部推荐的重大项目，由农业银行总行直接组织营销和业务受理。各级农业银行要根据龙头企业的经营特点，积极推广季节性收购贷款、龙头企业集群客户融信担保业务等特色产品。努力创新担保方式，在风险可控的前提下，进一步扩大应收账款质押、存货质押、大型农机具抵押、林权抵押等新型抵质押方式的适用范围。加强与农业产业化担保公司的合作，拓宽担保渠道，解决龙头企业担保难问题。对符合信用贷款条件的，要采取信用贷款方式。对重点企业的优质贷款，在规定范围内适当下浮利率，优化期限结构。积极探索对农业产业化示范区信贷支持的新模式。

（2）国有政策性银行加强对农业产业化经营的支持。农业发展银行要对龙头企业进行科技成果转化给予贷款支持。近年来，中国农业发展银行还不断扩展业务范围，与财政、农业等部门加强合作，逐步加大对农业产业化经营的支持力度。《财政部　中国农业发展银行关于积极开展合作共同推进农业产业化经营的通知》（财发［2009］34号）、《农业部　中国农业发展银行关于支持农业产业化龙头企业发展的意见》（农经发［2009］1号）等就加强农发行支持农业产业化经营提出了许多具体的政策意见。

第一，关于支持的主要项目和龙头企业。农业综合开发产业化经营项目纳入农发行贷款支持范围，主要包括经济林及设施农业种植、畜牧水产养殖等种植养殖基地项目，农产品加工项目，储藏保鲜、产地批发市场等流通设施项目。至于龙头企业，主要包括：从事各类农产品的生产、加工、转化的龙头企业；育种、育苗等农业科技型龙头企业；农产品批发市场等流通型龙头企业。

第二，做好项目选择。县（市）级农业综合开发机构会同农发行对受理的项目进行初选，然后逐级将项目往上推荐，项目原则上限定在固定资产投资领域。各级农业产业化部门要建立项目储备库，择优推荐给同级农发行，重大项目可通过上一级农业产业化部门推荐给农发行。

第三，做好信贷服务。农发行对农业产业化部门推荐的龙头企业项目，要及时纳入贷款营销范围，按照控制风险、择优扶持、独立办贷的原则进行初步调查、分类排队，在同等条件下，优先受理、优先调查评估、优先安排资金规模，按照农发行贷款管理的有关规定给予信贷支持。重点支持符合农发行贷款条件的国家和省级重点龙头企业，生产附加值高、技术和市场比较成熟、农业农村经济发展迫切需要的项目，财政贴息、财政补助和专项资金支持的龙头企业。农业部推荐的贷款额度较大或在全国有重大影响的贷款项目，由农发行总行直接组织贷款营销工作。

各级农发行要切实加强和改进信贷服务，在风险可控的前提下，积极满足龙头企业合理的资金需求，稳步增加对龙头企业的贷款投放规模。对龙头企业从市场直接收购和从农发行开户企业调入粮棉油的资金需求，可纳入准政策性贷款范围重点支持；对龙头企业的流动资金需求，可发放短期流动资金贷款，符合条件的可发放循环贷款和中期流动资金贷款；对龙头企业的仓储设施、生产加工基地建设以及技术改造等固定资产贷款需求，可发放中长期贷款解决。对基本面比较好、信用记录较好、有竞争力、有市场、有订单但暂时出现经营或财务困难的企业，在风险可控前提下给予信贷支持，对暂时集中还贷困难的龙头企业，可适当展期，在展期内逐步归还。

各级农发行要为龙头企业提供便捷的贷款方式，简化办贷程序，提高办贷效率。对龙头企业信用等级在AA级以上（含AA级）的短期流动资金贷款需求，可采用信用贷款方式，符合条件的可实行公开授信，对新开户龙头企业，要及时进行信用等级评定。要扩大龙头企业有效担保物范围，依法开展权属清晰、风险可控的大型农用生产设备、林权、“四荒地”使用权等抵押贷款和应收账款、仓单、可转让股权、专利权、注册商标专用权等权利质押贷款。对龙头企业的贷款，可在规定范围内适当下浮利率。对纳入国家农业综合开发资金贴息计划的项目，贷款利率原则上执行人民银行同期同档次基准利率。

（3）加大对农产品出口的金融支持力度。国有商业银行对农产品出口所需的流动资金贷款按信贷原则优先安排，重点支持。对资信好的农产品出口企业核定一定的授信额度，用于对外出具投标、履约和预付金保函。完善农产品出口公共服务体系，发挥出口信用保险作用，为农产品出口提供金融支持。对出口型龙头企业提供政策性金融支持，积极拓宽企业融资渠道。

4. 其他扶持政策

除了财政、税收和信贷政策外，其他方面的农业产业化经营扶持政策主要还有科技和贸易两个方面。

（1）科技政策。为了鼓励和支持龙头企业进行科技开发和创新，中央有关部门主要是在技术开发费用扣除、技术改造国产设备投资所得税抵免、技术创新资助等方面制定了相关的政策。主要内容有：

①企业研究开发新产品、新技术、新工艺所发生的各项费用，包括新产品设计费、工艺规程制定费、设备调整费、原材料和半成品的试验费、技术图书资料费、未纳入国家计划的中间试验费、研究机构人员的工资、研究设备的折旧、与新产品的试制、技术研究有关的其他经费以及委托其他单位进行科研试制的费用，不受比例限制，计入管理费用。

②龙头企业技术开发费用在所得税前扣除的政策。企业研究开发新产品、新技术、新工艺所发生的各项费用，可以在企业所得税前扣除。具体办法是：盈利企业研究开发新产品、新技术、新工艺所发生的各项费用，比上

年实际发生额增长达到10%以上（含10%），其当年实际发生的费用除按规定据实列支外，年终经由纳税人根据政策规定自主申报后，可再按其实际发生额的50%，直接抵扣当年应纳税所得额；增长未达到10%以上的，不得抵扣。亏损企业发生的研究开发费用，只能按规定据实列支，不实行增长达到一定比例抵扣应纳税所得额的办法。

③企业为开发新技术、研制新产品所购置的试制用关键设备、测试仪器，单台价值在10万元以下的，可一次或分次摊入管理费用，其中达到固定资产标准的应单独管理，不再提取折旧。

④关于购买国产设备抵免企业所得税的政策。按照财政部、国家税务总局《关于印发〈技术改造国产设备投资抵免企业所得税暂行办法〉的通知》（财税字［1999］290号）执行。其中一条具体内容是，凡在我国境内投资于符合国家产业政策的技术改造项目的企业，其项目所需国产设备投资的40%可从企业技术改造项目设备购置当年比前一年新增的企业所得税中抵免。

⑤允许龙头企业申请使用国家有关农业科技的研发、引进和推广等资金。2004年中央1号文件提出，“引导和推动企业成为农业技术创新主体，允许各类农业企业和民营农业科技组织申请使用国家有关农业科技的研发、引进和推广等资金。积极发挥农业科技示范场、科技园区、龙头企业和农民专业合作组织在农业科技推广中的作用。”

⑥鼓励龙头企业建立农业科技研发中心，发展农业科技创新风险投资。科技创新的主体是企业，2006年中央1号文件明确，“鼓励企业建立农业科技研发中心，国家在财税、金融和技术改造等方面给予扶持；改善农业技术创新的投资环境，发展农业科技创新风险投资。”

（2）贸易政策。关于支持龙头企业扩大出口的政策主要有三点：

①鼓励产业化组织发挥比较优势参与国际竞争，提高产品竞争能力。对开拓国外市场、扩大农产品出口的重点龙头企业，应予以积极支持。按照中央外贸发展基金的有关规定，对符合中央外贸发展基金使用方向和使用条件的农产品及其加工品出口项目融资予以贴息。参照国际通行的做法，继续加大对重点龙头企业出口创汇的支持。外贸发展基金要向促进农产品出口倾斜，扶持出口生产基地；鼓励和引导农产品出口加工企业进入出口加工贸易区；加快建立健全重点出口农产品的行业和商品协会。

②简化行政审批手续，放宽审批条件，支持重点龙头企业扩大出口。适当降低重点龙头企业成立进出口公司的资格，并适当放宽其经营范围。鼓励中外合资农产品流通企业利用其销售网络，推动我国农产品进入国外的销售网点和分拨中心。

③出口退税。这是我国增强企业竞争力、扩大出口的一条主要政策。尽管它不是专门为农业产业化龙头企业设计的，但出口产品的农业产业化龙头企业可以实实在在地享受到这一优惠政策。

二、农业产业化经营政策的执行情况

目前，农业产业化经营已经建立了比较完善的工作推动机制，中央层面有八部委组成的“全国农业产业化联席会议”，各省份也组建了由省领导牵头的产业化工作领导小组或跨部门的产业化联席会议。此外，各省份还制定了多方面的扶持政策，形成了较为完善的支持体系。

（一）政策执行情况及效果

扶持农业产业化政策的执行情况主要包括以下三个方面：一是确定中央及地方各级重点龙头企业并加强监测；二是各级财政、金融部门加大对产业化经营的支持力度；三是促进投资渠道多元化。

1. 确定中央及地方扶持的重点龙头企业

2000 年、2002 年、2004 年、2008 年，全国农业产业化联席会议认定了第一、二、三、四批国家级重点龙头企业，数量分别为 151 家、235 家、210 家、312 家，共计 908 家。为了加强对农业产业化国家级重点龙头企业的动态管理，建立了竞争和淘汰机制，实现了龙头企业的有进有出。经过 2002 年、2004 年、2010 年三次对国家级重点龙头企业进行监测评议，共有 95 家企业退出了国家级重点龙头企业的名单。再加上全国农业产业化联席会议分别在 2005 年 7 月、2010 年 5 月递补了 21 家、59 家国家级重点龙头企业，目前国家级重点龙头企业达到 894 家。为了促进本地农业产业化的发展，各省也都认定了省级重点龙头企业。许多省份还要求各市县也要因地制宜地确定当地的龙头企业，这样就形成了国家、省、市、县不同层次的龙头企业群。截至2009年底，各级农业产业化经营龙头企业数量达到8.97万家，其中省级重点龙头企业达到7500多家。

2. 落实财政、金融和税收政策，增加投入

中央财政逐步增加对农业产业化经营的投入。这主要表现在两方面：一是农业产业化专项资金；二是农业综合开发产业化经营项目资金。2002年，中央财政设立了农业产业化发展专项资金，截至2006年共安排5.5亿元，通过补助或贴息等方式支持农业产业化龙头企业发展和农产品基地建设。从投入的资金量看，更多地体现在农业综合开发方面。1994年以来，国家农业综合开发一直坚持将30%的中央财政资金用于产业化经营项目建设，积极培育优势主导产业，逐步加大对农业产业化龙头企业的扶持力度。“十五”期间，中央财政支持农业产业化发展总投入为119.5亿元，其中用于产业化经营项目的农业综合开发资金达到113.5亿元，占到95%，采用有偿无偿相结合、投资参股、贷款贴息等形式，扶持了1149个产业化经营项目，建设优质高效农业种植基地635.6万亩，发展水产养殖面积307.1万亩，促进了农业结构的调整和农民收入的增加。2006年，中央财政安排农业综合开发产业化经营项目资金34.3亿元。2007年，中央财政安排农业综合开发产业化经营项目资金38.8亿元，扶持产业化经营项目1458个。从2009年开始，调整农业综合开发产业化经营项目扶持方式，不再安排中央财政投资参股经营项目资金，取消产业化经营项目财政有偿投入，采取财政资金无偿补助、贷款贴息等方式，支持农业产业化发展。据国家农业综合开发办公室统计，1988~2009年，农业综合开发共建设优质高效农业种植基地2299万多亩，发展水产养殖749万亩，扶持农产品加工和农业生产服务项目9074个。

各省、自治区、直辖市也都加大对农业产业化的财政扶持力度，设立农业产业化财政专项资金并且逐步增加。2008年，内蒙古自治区安排农牧业产业化基金12660万元，比前几年每年的额度增加了1000多万元，专项用于扶持基地建设和龙头企业。从2001年开始，浙江省每年安排农业产业化专项扶持资金达6000万元。陕西省2005年共投入资金5.2亿元，扶持产业化龙头项目8个、一般项目26个。从2001年起，甘肃省财政筹措5000万元

专项资金扶持重点产业的项目建设；2004 年增加 2000 万元专项资金；2005 年增加 1500 万元；2006 年又专门增加马铃薯产业专项 1000 万元，使每年农业产业化扶持资金达到 9500 万元；2008 年，甘肃省各级财政扶持龙头企业资金 3.64 亿元，比上年增长 28.1%。2008 年，北京市财政扶持农业龙头企业资金达 3.2 亿元，江西省各级财政扶持龙头企业资金达 5.7 亿元；江苏省财政资金对农业龙头企业扶持力度明显加大，达到 11.94 亿元，比 2007 年增加了 63.1%。2008 年，四川省全年中央和省财政共支持农业产业化发展资金 8.78 亿元，其中，中央财政资金 3.93 亿元，省级财政资金 4.85 亿元。许多省份除了增加农业产业化经营发展专项资金外，还将本省内用于农业和农村的基建资金、水利资金、科技三项费用等资金与龙头企业培育、基地建设、技术创新、市场开拓等相结合，加大对农业产业化经营的扶持力度，提高资金的分配和使用效率。

在金融扶持政策落实方面，各地也加大了工作力度。据统计，2005 年我国农业产业化龙头企业共申请银行贷款 2359 亿元，比上年增加 24.6%。湖北省成立农业产业化信用担保股份公司，与中国农业发展银行签订 300 亿元的信贷资金协议，为龙头企业贷款提供信用担保。2005 年湖南省农发行一般贷款由上年的 10 亿元增加到 20 亿元。2005 年，陕西省龙头企业银行贷款余额总量为 60.81 亿元，较 2000 年增加了 5.55 倍。1999~2005 年，广东省金融系统累计向各类农业产业化组织贷款 400 多亿元。2000~2008 年，北京市农业龙头企业吸收银行贷款从 10.08 亿元增加到 48.92 亿元，年均递增 42.0%。2008 年，甘肃省银行机构扶持龙头企业贷款 104.67 亿元，同比增长 38.2%；吉林省银行机构对龙头企业贷款扶持达 92 亿元；江西省银行机构对龙头企业贷款总额达 90 亿元。2008 年，四川省金融部门加大支持力度，省农发行对 300 多户粮油产业化龙头企业给予贷款支持，贷款余额 32 亿元；省农行农业产业化贷款余额达到 107 亿元，其中，新投放农业产业化贷款 31 亿元，全年共支持了 534 户农业产业化龙头企业发展。

税收优惠政策进一步得到落实。据统计，2000~2005 年，广东省各级税务部门对各类农业产业化组织税收减免额累计达 18.8 亿元。2008 年，北京市农业龙头企业获得税收减免额（不包括出口退税）1.11 亿元，其中减免增值税 0.35 亿元，减免所得税 0.38 亿元；江西省龙头企业获得减免税收总额为5亿元，其中，增值税3亿元，所得税1.8亿元。根据农业部农业产业化办公室对894家国家级农业产业化重点龙头企业所做的不完全统计，2009年，这些企业获得的增值税和所得税减免额为91.8亿元，比2008年增加10.7亿元，增加了13%。其中，增值税减免额增加了18.7亿元，增加了47%，充分体现了金融危机背景下政府减轻企业税收负担的政策初衷。

3. 促进农业产业化经营投资渠道多元化

近年来，江苏省各地积极引导民间资本、工商资本和外商资本进入农业，并使其逐步向农业园区、高效种养业、农产品加工及生态农业集聚，“三资”农业呈现出加速发展的良好态势。2001年以前“三资”投入农业累计仅162亿元，2002年投入74亿元，2003年、2004年又分别增加至121亿元和167亿元。“三资”开发农业不仅解决了农业投入不足的问题，更重要的是带来了农业经营理念的创新和传统管理机制的变革，成为培育农业市场竞争主体的重要途径、提升农业产业水平的重要载体、发展外向型农业的重要窗口。上海市明确规定：充分鼓励外省市农业产业化龙头企业参与上海农业产业化经营，凡一次性投资在1500万元以上的，可获得200万元以上政府扶持。2008年，内蒙古自治区国家有关部门扶持资金、金融机构贷款和引进资金分别达到6亿元、16.5亿元和109.1亿元，分别占年内完成投资额的3.2%、8.9%和59.0%。2008年，江西省各地吸引社会各类资金进入农业产业化领域，利用外资龙头企业数363个，利用外资额度7.5亿美元。吉林省鼓励支持符合条件的龙头企业发行股票，向社会募集发展资金。2008年，河北省利用外资的龙头企业数达到364个，比上年增长114%；利用外资额达到11.5亿美元，比上年增长42%。2008年，新疆生产建设兵团引进外部资金55.9亿元，呈现连年递增的趋势。

从各地实践来看，农业产业化经营政策的落实情况还是相当好的。在政策的大力扶持下，农业产业化经营快速发展。据农业部农业产业化办公室统计，2009年全国各类农业产业化组织总数达到22.39万个，其中，龙头企业8.97万个，中介服务组织12.02万个，专业市场1.40万个。农业产业化经营取得了显著成效：一是促进了优势产业集聚。龙头企业根据市场需要进行产品加工，按照加工要求建设标准化、优质化、规模化基地，带动了农业结构的调整。2009年，各类产业化组织带动种植业生产基地14.06亿亩，占全国农作物播种面积的59.1%；牲畜饲养量12.43亿头，占全国牲畜饲养量的68.3%；禽类饲养量126.9亿只，占全国禽类饲养总量的79.6%；养殖水面7939万亩，占全国养殖水面总面积的72.7%。二是促进了农民增收。2009年，龙头企业按合同收购价比按市场收购价向农民多支付771.34亿元，向农民返还利润（分红）272.65亿元，支付给农民的土地租金166.07亿元，分别比上年增长28.41%、22.90%、15.95%；龙头企业支付工资福利报酬587.43亿元，比上年增长20.74%；参与的农户年户均增收1944元，比2008年增加8.2%。三是促进了农业组织化程度的提高。农业产业化经营实现了产加销、贸工农的有机结合，提高了农业组织化程度，2009年各类产业化组织带动农户1.03亿户，比上年增长4.56%。四是促进了农业整体水平的提升。农业产业化经营大力推进农业专业化、规模化、标准化生产，加快了农业科技进步，提高了农业整体素质。省级以上龙头企业80%通过了国家或国际有关组织的质量、环保、安全卫生等管理体系认证，有的还建立了农产品产地、质量、等级标识和可追溯制度。五是促进了农业对外开放。农业产业化经营组织在积极引进国外资金、技术、装备、经营管理方式的同时，加快实施“走出去”战略，大力发展外向型农业。2009年，全国有74家国家重点龙头企业在境外建基地办工厂，投资总额达64.2亿美元。

（二）政策执行中存在的主要问题

由于种种原因，农业产业化经营政策在落实过程中也存在一些问题与不足，主要有以下几点：

1. 有的政策没有完全落实到位

从广东来看，政策落实不到位突出地表现在三个方面：一是农业产业化专项资金政策在部分地方未完全落实。全省现有农业产业化财政专项资金规模偏小，且自2002年以来从未有所增加，目前还有个别市没有安排扶持农业产业化专项资金，有的地方甚至停止安排农业产业化专项财政资金。二是扶持农业龙头企业税收优惠政策在一些地方也没有落到实处。2008年，广东60%以上的省级重点农业龙头企业未享受所得税和增值税减免优惠。三是用地优惠政策可操作性不强。2007年，《省政府办公厅转发省农业厅加快发展农业产业化经营意见的通知》规定：“省重点农业龙头企业和省扶贫农业龙头企业新办农产品临时性收购场所、农林种养场和设施农业用地，在不改变农用地性质的前提下，视同农业生产用地”，但由于对配套设施的农业用地没有明确的定义，导致有些农业龙头企业设施农业用地被列入违法用地。由于产业化专项资金政策在一些地方未能落实到位，农业龙头企业获得的财政扶持资金规模并未稳定或增加，反而有所减少。据农业部农业产业化办公室对 894 家国家级重点龙头企业的不完全统计，2007~2009 年，这些企业所获财政扶持资金总额分别为 46.8 亿元、55.2 亿元、40.1 亿元，2009 年比 2008 年减少了 27%。

2. 龙头企业融资渠道不畅

农业龙头企业原料收购季节相对集中，资金需求量大，占用时间长，一般商业性贷款难以满足，但由于农业龙头企业资产变现能力较低，受抵押担保、贷款期限等影响，龙头企业的贷款需求往往难以得到满足。金融危机以来，尽管国家实施积极的货币政策，贷款规模增加，利率下调，但是各银行的贷款门槛并没有降低，还是实行抵押贷款，只有少数企业能够享受信誉贷款，门槛高、手续复杂、申贷时间长的问题仍很突出。

3. 中小企业扶持政策不足

目前无论是国家级龙头企业还是省级龙头企业，大多都是按照规模来评定的，绝大多数中小企业只能争取到市级或县级龙头企业，而由于市县两级财政困难，很难给予这些企业有力的支持。大型企业由于经济实力雄厚，资信程度比较高，和金融部门的关系也比较密切，很容易获得金融部门的支持。与大型企业相比，中小企业资产少，很难获得正规金融部门的支持，急需政府的扶持。但在现实中，这些中小企业又难以获得政府的支持政策，或者很难享受到相关的扶持政策。例如，尽管政府愿意为龙头企业贷款进行贴息，但金融部门更担心资金安全，不愿意对中小企业放贷，导致贷款贴息难以发放出去。

4. 财政政策的引导作用没有充分发挥

财政政策主要目的是对企业开展有特色、有优势、有市场的农产品生产、加工和转化，以及进行重大的技术改造，给予一定的补助，以引导企业从事国家鼓励发展的产品和技术，主要的政策手段是直接投入和贷款贴息。由于财政政策主要扶持大型龙头企业，而大型龙头企业已经有比较成型的主导产业且资金相对雄厚，因此，数额有限的财政投入或贴息对这些企业来说意义不是非常大，对企业生产经营方向与结构的调整很难起到引导作用。此外，中央虽多次强调，要引导企业与农民建立合理的利益关系，让农民得到实惠，实现共同发展，但现有政策更多的是为了促进农产品加工企业的发展壮大，而在促进企业真正与农户建立利益联结关系、创新经营模式等方面还很不够，龙头企业和农户的利益联结依然不够紧密，双方之间的诚信与长期合作机制没有普遍建立，订单履约率不高，企业和农户均缺乏应有的风险保障机制，企业带领农户进入市场的意愿和能力仍然不足。

5. 税费优惠力度不大

实际上，农产品精深加工进销项税率不统一，农产品出口退税率偏低，退税周期较长，挤压企业周转资金。在一些地方，农业龙头企业在土地使用以及用水用电等方面未享受费用优惠。据农业部农业产业化办公室对 894 家国家级重点龙头企业的不完全统计，2007~2009 年，这些企业除增值税和企业所得税外的其他税费减免总额是逐年递减的，分别为 1.77 亿元、1.76 亿元、1.52 亿元。

6. 管理体制不够完善

农业产业化的突出特点就是要求以市场为导向，产、加、销各环节有机衔接，农、工、商各部门互相配合、协调一致、一体化发展。但在现实中，体制改革滞后，多头管理，相关部门衔接不够紧密，农业生产与加工、销售等环节脱节现象严重，这也在较大程度上影响着农业产业化政策的有效实施。此外，实际调查中不少企业还反映，一些地方政府部门或派出机构超额违规向龙头企业收取各种费用，增加了企业的经营负担。

因此，在看到扶持政策给农业产业化经营带来新的机遇和动力的同时，更应在完善政策和加大落实力度上付出不懈努力，只有如此，农业产业化经营的扶持政策体系才能日臻完善。

三、农业产业化经营政策的演进趋势

当前，我国农业产业化经营发展速度很快，已经步入了创新提高阶段；同时，农业产业化经营的外部发展环境也发生了很大的变化，农业与国民经济的关系更加紧密，国际农业竞争更加激烈，外资进入我国农业的领域更宽、步伐更快。因此，迫切需要加快转变我国农业发展方式，不断提升我国农业的竞争力，在此过程中，农业产业化经营承担的发展任务更加艰巨，面临的形势更加严峻。在新时期，为促进农业产业化经营持续健康快速发展，相关扶持政策应结合形势的变化和企业的需要做出相应的调整。具体地，未来一个时期，农业产业化经营政策可能会从以下几个方面进行调整：

（一）在扶持对象上，逐步由以大企业为主向以大、中、小企业并重转变

迄今为止，我国农业产业化经营政策在扶持对象的选择上以企业规模为标准，企业只有达到一定规模、被评为一定级别的龙头企业后才能得到扶持，实际上能够得到扶持的主要是大型国家级和省级龙头企业，中小企业很难得到扶持。在产业化经营发展初期，这种政策倾向有利于培育上规模、有竞争力的企业，但产业化经营发展到今天这个阶段，如果依然坚持这一倾向，就不利于产业化经营的健康发展。原因如下：其一，会严重扭曲企业之间的竞争关系，给本已有较大优势的大型企业更多的优势；其二，会抑制中小企业的顺利成长，不利于活跃经济和扩大就业；其三，在大企业上的政策效应远远不如在中小企业上的政策效应，降低了有限资金的配置效率；其四，企业规模总是相对的，扶持的对象应该是相对弱小、需要扶持的企业和组织。未来一个时期农业产业化经营扶持对象有必要加大对中小企业的支持，促进大、中、小龙头企业的协调发展。因此，未来一个时期农业产业化经营扶持对象有必要从以大企业为主，逐步转向以中小企业和农民专业合作社为主，后者才是我国农业产业化经营组织的基石，是提高农业组织化程度

和扩大农民就业的主要平台。

（二）在支持企业上，由支持单个企业为主向支持龙头企业集群为主转变

从根本上讲，培育壮大企业不是农业产业化经营扶持政策的终极目的，以企业为载体来培育壮大产业才是政策的宗旨所在。企业单兵作战无法形成强大的产业，只有形成企业集群，才能形成有竞争力的强大产业。实践中，龙头企业结合当地区域发展规划和产业政策，根据市场需求和自身实际，以优势产区为基础建立生产基地，以优势产业为依托发展农产品加工，以优势企业为核心聚合关联企业，已经形成了若干企业集群，成为当地经济发展的新引擎。例如，河北省围绕马铃薯、奶业、生猪、葡萄等主导产业建设 20 个农产品加工园区，2009 年园区新增 130 家龙头企业，完成项目建设和基础设施投资 140 亿元；安徽省引导企业向优势产区集中，形成年加工产值超 5 亿元的产业集群 76 个，聚集 855 个龙头企业，年加工产值 890 亿元，培育出肥东食品工业园、萧县面粉产业园、淮北肉食品产业园等一批规模较大的企业集群。从这种趋势看，产业化经营政策应该以培育产业为主要目标，鼓励和扶持企业向集群化方向发展，对产业园区的关联企业都进行扶持，而不再将目光仅仅盯在达到一定规模的个别企业身上。

（三）在政策实施上，逐步由统一普惠的政策措施向差异化的政策措施转变

不同的产业有不同的特点，不同的企业也有不同的需求，这就要求产业化经营政策要根据产业特点及企业的核心需求进行设计和调整，从而由原来统一普惠式的政策措施向差异化的政策措施转变。例如，从事境外农业资源开发的龙头企业，可能最需要国家帮助解决检验检疫、产品返销进口配额、支持建设境外农产品加工基地等方面的问题，而不太需要减免税负、贷款贴息等扶持，因为减税、贴息等额度不大，而且不是企业最急需的。国内大型企业到异地建厂，可能最需要政府帮助解决用地问题，而不是减税问题，因为在实践中减税后企业对当地财政贡献不大，所以尽管能够解决当地的一些就业问题，但当地依然可能没有积极性。从事农产品加工出口的企业，随着

贸易规模的扩大，往往最需要解决农产品生产基地建设的相关问题，例如出口基地认证、农民合作社培育、投入品监管等，政府扶持政策可能需要着眼于出口基地建设。从事养殖的企业，可能最需要政府帮助解决养殖基地建设、动物疫病防控等问题。从事种业开发的企业，有可能需要政府帮助解决科技开发投入、抑制国外企业不正当竞争等问题。总之，由于我国农业产业化专项资金规模有限，通过贷款贴息等途径能够撬动的信贷资金也有限，因此，对产业化龙头企业不宜再继续"撒胡椒面式"的扶持办法，而要结合产业特点和企业实际需要，采取有针对性的政策措施，尽可能提高资金的使用效率，尽可能发挥政策的引导支持作用。

（四）在目标取向上，逐步由提高企业积累能力向提升企业综合竞争能力转变

长期以来，我国农业产业化经营政策通过财政扶持、信贷支持、减免税收等措施，来加强农业龙头企业的自我积累和自我发展能力，致力于企业的做强做大。可是，人们在实践中发现，企业可能确实做大了，但却未必强，"大而不强"几乎是我国包括农业在内的所有领域企业的共同特征。经常有农业企业反映，它们之所以感到自己发展受限或竞争力不强，一个重要原因是企业与农民之间缺乏互信和利益联结机制，这使得企业缺乏稳定、可靠、优质的原料供给，如同作战的军队没有稳定的后方。这也是企业有时收到订单却不敢接的重要原因之一。目前，企业综合竞争力的重要表现之一，是农民能否成为企业的战略同盟，能否与企业结成平等互信互利的利益共同体，能否与企业共存于一条牢固强大的产业链。令人欣慰的是，越来越多的企业意识到这一点的重要性，通过分红、返利、高价结算等多种方式，给予农民更多的利益，在合作中企业和农民都逐渐认识到短视的危害和诚信的价值。客观上，在企业与农民的利益同盟中，企业要承担更多的责任和义务，毕竟企业的抗风险能力强于分散的小农，但是，在农产品价格波动幅度越来越大、市场不确定性越来越多、诚信体系建设缓慢的环境下，单靠企业来建设并巩固与小农的利益同盟是很难的，特别是处于成长期的中小企业要做到这一点更为困难。因此，政府有必要出台相应的政策措施，来帮助企业和农户建立一种真正的利益均沾、风险共担的牢固利益共同体。在我国农业对外开

放的广度和深刻不断扩展的情况下，这对于增强我国农业企业的国际竞争力尤为重要，非常迫切。

（五）在政策手段上，逐步由财税政策为主导向以科技人才等政策为主导转变

提升我国农业产业化龙头企业的技术创新与价值创新能力，是一项紧迫而艰巨的任务。技术创新是企业在市场竞争（“红海”）压力下追求差异化的结果，而价值创新是“蓝海”战略的基石，企业同时追求差异化和低成本。有研究指出，从短期来看，领先企业进行技术创新能够获得比较优势，但是在长期内只有通过价值创新才能塑造核心竞争力。我国农业产业化龙头企业已经步入创新升级阶段，而以培育核心竞争力为目的，提升农业产业化龙头企业的技术与价值创新能力，是促进我国涉农产业升级和国际竞争力提升的基础。但是，目前龙头企业技术创新面临资金投入不足、自主创新能力薄弱、合作创新与成果转化机制不完善等问题；价值创新面临资源投入协调性较低、创新人才短缺、“蓝海”战略缺位等问题。例如，在目前国家重点龙头企业中，有 1/2 的企业科研投入占销售收入的比例不足 1%，远低于国际平均水平；在 2010 年监测不合格的 59 家国家重点龙头企业中，有 1/3 是因管理不规范、经营不善造成的。因此，从企业长远发展的重大问题来看，目前的产业化经营政策需要逐步调整，有必要从以增收减负的财政政策为主，转向以科技政策和人才政策为主，创建政产学研结合的技术创新机制，创新人才开发利用体制，支持龙头企业实施蓝海战略，不断提升企业的技术创新和价值创新能力，实现龙头企业价值和相关主体效益的飞跃。

第五章 农业产业化龙头企业社会责任调查总报告

企业社会责任（Corporate Social Responsibility，CSR）最早是由美国的欧利文·谢尔顿于1924年在其所著《管理的哲学》一书中提出的，但是一直到20世纪50年代，企业社会责任才成为西方经济学界和管理学界的热门话题。经过30多年的发展演进，企业社会责任理论不断丰富，也得到了国际社会的广泛认同。进入20世纪90年代，企业社会责任运动全面开展，积极承担社会责任已经成为企业发展的国际潮流。[①] 随着我国经济全球化的快速推进和社会主义市场经济的不断完善，企业在社会中的作用和地位不断提高，推进国内企业履行社会责任成为促进我国经济社会和谐发展的客观要求。[②] 由此，企业社会责任问题在国内也得到了广泛的关注。龙头企业作为我国企业的重要组成部分，与农业、农村和农民有着紧密联系，其社会责任的履行与“三农”发展有着重要关联。因此，增强龙头企业的社会责任意识，推进龙头企业履行社会责任，具有重要的现实意义。

农业产业化经营被称为继联产承包和乡镇企业之后农村发展过程中的又一伟大创举，是推动现代农业发展、带动农民增收的重要途径，其中龙头企业的发展是农业产业化经营成败的关键。龙头企业是一个比喻性的称呼，即

---

① 据毕马威会计师事务所（GPMG）2006年发表的调查报告显示，2002年全球前250家大企业报告社会责任的比例为45%，各国前100家大企业报告社会责任的比例为23%。2005年这两个比例分别上升到52%和33%。如果把包含了企业责任信息的年终财务报告算在内的话，这两个比例则更高达64%和41%。

② 党的十六届六中全会明确提出，“广泛开展和谐创建活动，形成人人促进和谐的局面，着眼于增强公民、企业、各种组织的社会责任”。胡锦涛总书记在2006年底中央经济工作会议上明确指出：“既要继续健全企业激励机制，也要注重强化企业外部约束，引导企业树立现代经营理念，切实承担起社会责任。”2008年，国资委出台了《关于中央企业履行社会责任的指导意见》，推动中央企业社会责任的履行。

把农业产业化经营组织比作一个组织体系，在其中起到带领作用的农产品加工企业就是这个组织体系的龙头，因此称为龙头企业。在实践中，部分专业批发市场也被纳入龙头企业的范围。[①] 20 世纪 90 年代中期以来，农业产业化龙头企业迅速发展并不断壮大。截至 2008 年底，全国龙头企业达到 8.15 万家，其中销售收入 500 万元以上的龙头企业达到了 5.11 万家。龙头企业已经成为农产品供应的重要主体和农业农村经济中最具活力和带动力的市场主体，不仅在保障农产品质量安全和保护农村资源环境具有至关重要的影响，而且对于农业发展、农村繁荣和农民增收有着举足轻重的影响。因此，加强农业产业化龙头企业社会责任的研究，增强企业社会责任意识，推进龙头企业履行社会责任，已成为新时期的迫切要求。本章在对农业产业化龙头企业社会责任进行定义和理论分析的基础上，对龙头企业社会责任的认知和履行情况进行全面调查，并对龙头企业履行社会责任中存在的问题和背后的原因予以分析，最后提出促进我国龙头企业积极履行社会责任的对策措施。

一、农业产业化龙头企业社会责任的定义及内涵

自企业社会责任提出以来，学术界对于其定义一直存在争论，基本形成了两种截然不同的观点。广义的企业社会责任观认为，企业社会责任就是企业责任，它是对股东及非股东利益相关者在内的整体社会所负有的责任。Bowen（1953）最早给企业社会责任定义，即“商人按照社会所期望的目标和价值，向有关政策靠拢，制定相应的政策，采取理想的具体行动的义务”。Carroll（1979）认为，企业社会责任是社会寄希望于企业履行的义务。社会

① 农业龙头企业按照企业规模、经济效益、带动能力等指标可以分为省级龙头企业和国家级龙头企业。根据国家有关部委联合发文规定，国家级重点龙头企业的标准：一是我国东部地区的企业固定资产达 5000 万元以上；近 3 年销售额在 2 亿元以上；产地批发市场年交易额在 5 亿元以上。二是经济效益好，企业资产负债率小于 60%；产品转化增值能力强，银行信用等级在 A 级以上（含 A 级），有抵御市场风险的能力。三是带动能力强，产加销各环节利益联结机制健全，能带动较多农户；有稳定的较大规模的原料生产基地。四是产品具有市场竞争优势。重点龙头企业应建成管理科学、设备先进、技术力量雄厚的现代企业，成为加工的龙头、市场的中介、服务的中心。

不仅要求企业实现其经济上的使命，而且期望其能够遵法度、重伦理、行公益。因此，完整的企业社会责任可以概括为四个类别，即经济责任（Economic Responsibilities）、法律责任（Legal Responsibilities）、伦理责任（Ethical Responsibilities）与自觉责任（Discretionary Responsibilities）。Carroll（1991）完善了自己于1979年提出的企业社会责任定义，将自觉责任正式确定为慈善责任，并构建了企业社会责任的"金字塔"模型（见图5.1）。1997年，国际社会责任组织（Social Accountability International，SAI）把企业社会责任表述为：企业社会责任区别于商业责任，它是指企业除了对股东负责（即创造财富）之外，还必须对全体社会承担责任，一般包括遵守商业道德、保护劳工权利、保护环境、发展慈善事业、捐赠公益事业、保护弱势群体等。

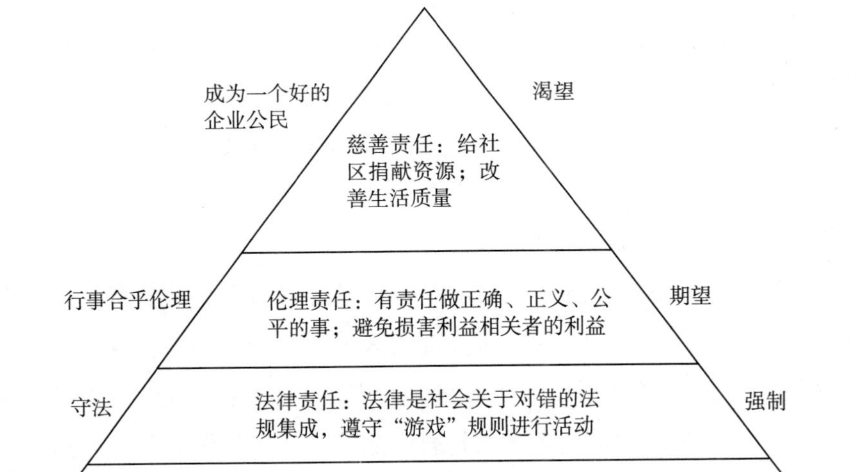

图5.1 企业社会责任"金字塔"模型

狭义的企业社会责任观认为，企业社会责任是企业责任的一部分。最初，国外学者认为企业的社会责任就是经济责任。如源于亚当·斯密利润最大化理论的古典企业责任观认为，企业责任就是单一地向社会提供产品和劳务，并从而使企业利润最大化。美国经济学家Friedman是这种观点的积极支持者。Friedman（1970）认为，企业负有的社会责任且唯一的责任就是在游戏规则许可的限度内，倾其所能，利用其所控制的资源，尽可能地为股东谋取利润。后来，经过多年的争论和发展，企业社会责任成为独立于企业经济责任并与企业经济责任相对应的一类企业责任。

尽管学术界对企业社会责任概念的理解和表述不尽相同，但大部分学者普遍认同：企业在追求利润最大化的同时，对社会应承担责任和履行义务。我国也相继出台法规，虽然没有明确对企业社会责任进行定义，但从其内容来看主要是指狭义的定义。[①] 国内学者对企业社会责任也进行了广泛的研究，狭义的企业社会责任定义也得到了我国大部分学者的支持（卢代富，2001；李正，2006）。考虑到与国内相关法规和学界共识保持一致，我们认为农业产业化龙头企业社会责任是狭义的社会责任，即龙头企业在谋求股东利润最大化之外所负有的主动维护非股东利益相关者利益的义务。具体而言，农业产业化龙头企业的社会责任可以分解为五个具体部分：[②]

（1）带农增收的责任。家庭承包制较好地解决了农业生产经营过程中的监督与激励问题，但家庭承包制下农户分散经营，农业生产中的小生产与大市场之间的矛盾突出，农民增产不增收现象严重。因此，国家出台了一系列扶持政策支持农业产业化龙头企业发展，希望通过龙头企业带动分散经营的小农户有效进入市场。所以带农增收是龙头企业的一项重要责任，也是与其他企业所承担社会责任中区别最大的责任。

（2）保障食品安全的责任。为消费者提供合格的产品是所有企业均需要承担的责任。但是农业产业化龙头企业与其他行业企业不同，龙头企业生产的产品直接供消费者食用，产品质量是否安全直接关系到消费者的身体健康。因此，龙头企业为消费者提供符合产品安全、质量优秀的农产品的责任更为重大。

（3）保障员工福利的责任。农业产业化龙头企业与其他企业一样，都应当对员工承担社会责任，主要表现为按时足额发放工资、奖金，并根据社会

---

① 2002 年 1 月我国颁布了《上市公司治理准则》，其第 81 条指出："上市公司应尊重银行及其他债权人、职工、消费者、供应商、社区等利益相关者的合法权利。"第 86 条指出："上市公司在保持公司持续发展、实现股东利益最大化的同时，应关注所在社区的福利、环境保护、公益事业等问题，重视公司的社会责任。"2006 年 1 月实施的新《公司法》第 5 条也明确规定："公司从事经营活动，必须遵守法律、行政法规，遵守社会公德、商业道德，诚实守信，接受政府和社会公众的监督，承担社会责任。"

② 从产业链角度看，龙头企业需要对农户和消费者负责；从企业内部来看，龙头企业需要对员工负责；从企业所处的环境来看，龙头企业需要对环境和社会负责。因此，可以衍生出五大具体社会责任。

发展逐步提高工资水平改善劳动条件，杜绝重大伤亡事故的发生，积极预防职业病，建立规范的员工培训制度，使员工不断有机会提高自身素质和能力等。

（4）保护环境的责任。任何企业都应当对社会负责，应当承担起节约资源、开发资源、保护资源的责任。对于农业产业化龙头企业而言，由于其生产的特殊性，对环境的社会责任更为重要。一是与其他企业一样，龙头企业要尽可能高效利用资源，尽量减少污染物的排放。二是与其他企业不同，龙头企业的原料生产对自然环境依赖性强，因此，龙头企业为了实现可持续发展，必须指导农户对农药、化肥等的使用，防止或降低农业生产对环境的污染。

（5）参与社会公益事业的责任。龙头企业是在一定的社区环境中生存的，其生存和发展大多得益于当地的支持。因此，龙头企业应该根据自身的条件，积极参与和支持发展社区文化教育事业、福利事业、关心和赞助社区的慈善事业、参与和社区有关的社团活动，同当地政府和居民建立起良好的关系，促进当地经济和社会的发展。

二、农业产业化龙头企业履行社会责任动因的理论分析

企业承担社会责任，需要付出成本，作为市场经济中的微观主体，获取利润毕竟是保证企业生存下去的首要条件，如果没有内在动因或外在压力的作用，指望企业主动承担社会责任是不现实的（鞠芳辉等，2005）。企业社会责任的履行是受到多方力量驱动的。Schwartz（2003）提出了三个相交圆模型来解释企业履行社会责任的动因。他认为企业承担社会责任的动因可以归结为三个方面——经济、制度、道德，这三个动因分别以三个圆表示；由三个圆相交而产生七个区域——纯经济、纯制度、纯道德、经济/制度、经济/道德、道德/制度、经济/道德/制度（见图 5.2）。Schwartz 指出，同时满足经济/道德/制度的动因的状态是理想状态，但现实中企业纯粹出于道德和制度动因承担社会责任的十分少见。农业产业化龙头企业履行社会责任的动因

可以按此框架分析。

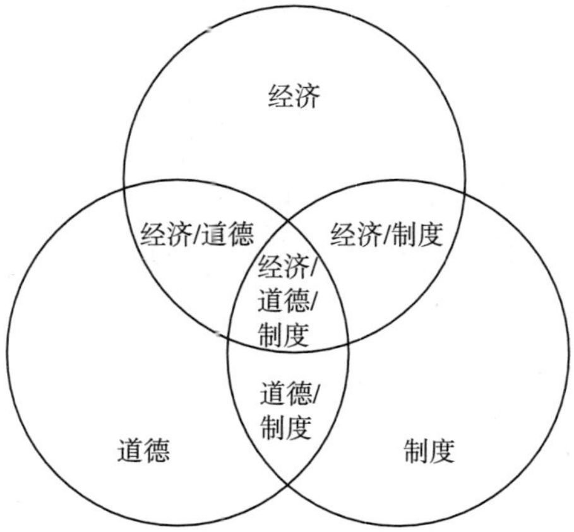

图 5.2　企业社会责任三圆相交动力模型

（一）经济动因[①]是龙头企业履行社会责任的内在推力

经济动因是企业履行社会责任的最根本内在动因（Joseph，2003）。农业产业化龙头企业履行社会责任能带来几大好处：一是有利于企业持续获得稳定、优质原料来源，为企业持续发展打下基础。原料是企业必需的生产资料，是企业持续发展最重要的因素。原料供应是否持续稳定，直接关系到企业能否正常生产；原料质量的高低，直接影响企业产品质量的好坏；原料基地的远近，影响企业成本和效益。龙头企业在产前积极与农户签订合同，在产中积极为农户提供各种社会化服务，在产后通过保护价积极收购农产品，有的企业甚至通过二次结算、利润返还和入股分红等方式增加农民收入，最终的目的就是要使企业能够持续收购足量、优质的原料。二是有利于企业树立良好的形象，获得更大的利润。在和谐社会的大背景下，龙头企业如果拒绝承担社会责任，将会受到消费者的抵触、社会的谴责、政府的不认可，长远来说会影响企业的发展；而企业如果承担一定的社会责任，可以获得更多的媒介正面报道，改善企业与员工的关系、企业与顾客的关系、企业与政府的关系等。通过改善企业形象，企业可以提高员工士气和生产效率，吸引外

① 道德和经济动因往往难以区分，因为很多道德的动因可以被解释是为了长期经济利益（鞠芳辉等，2005）。因此，道德动因也放在经济动因中一起分析。

部优秀人才的加入，从而为企业创造竞争优势；企业可以提高在消费者心目中的形象，反过来可以获得更多的消费者，给企业带来经济收益；企业可以提高在政府心目中的形象，获得政府更多的优惠支持政策。三是有利于缓解外部压力，优化并创造更广阔的生存环境。龙头企业如果能在保护环境、保障产品质量、参与社会慈善事业等方面主动承担社会责任，就可以避免政府部门、社会团体、普通公众对企业的指责、惩罚以及行为上的限制，保证企业正常的生产经营活动不受干扰，使决策和经营具有更大的灵活性和自主性。特别是随着SA8000、ISO14000、ISO26000等企业社会责任体系逐渐嵌入国际市场规则，龙头企业特别是外向型龙头企业履行企业社会责任可以更好地融入国际竞争。

（二）制度动因是龙头企业履行社会责任的外在拉力

龙头企业履行社会责任离不开制度的激励和约束。随着经济的快速发展，我国取得了举世瞩目的成就，农业虽然也取得了巨大进步，仍然面临诸多困难。农业仍没有摆脱靠天吃饭的局面，主要农产品供应仍处于供求不平衡的状态，重大农产品安全事故频发，小农户与大市场的矛盾依然突出。为了充分发挥龙头企业在保障农产品有效供应、发挥带农增收的作用，从1998年开始，我国政府逐年加大对龙头企业的支持力度。特别是进入21世纪，在“扶持产业化就是扶持农业，扶持龙头企业就是扶持农民”思想的指导下，政府出台大量政策措施，支持龙头企业发展。[①] 这些政策涵盖财政、税收、金融、投资、贸易等各个方面。特别是金融危机以来，中央也相继出台了一系列措施扶持龙头企业发展。2009年2月，我国决定实施十大重点产业调整和振兴规划，这些政策支持的对象和内容涵盖了分行业的农业产业化龙头企业。同月，农业部与中国农业银行联合下发了《农业部、中国农业发展银行关于进一步加强合作支持农业龙头企业发展的意见》，着力解决龙头企

① 2000年10月，农业部等八部委印发了《关于扶持农业产业化经营重点龙头企业的意见》，提出国家连续五年选择一批农业产业化龙头企业予以重点扶持；2001年7月，财政部和国家税务总局联合下发了《关于若干农业生产资料免征增值税政策的通知》；2002年1月，财政部和国家税务总局又印发了《关于提高农产品进项税抵扣率的通知》；2006年10月，农业部等八部委印发了《关于加快发展农业产业化经营的意见》。

业贷款难问题。5月，国务院又下发了《关于当前稳定农业发展促进农民增收的意见》，其中有一条明确指出要支持农产品加工和龙头企业发展。11月，财政部和中国农业发展银行发布《关于积极开展合作共同推进农业产业化经营的通知》，将在资金安排、项目选择、机构设置和日常业务等方面形成合力，放大扶持农业产业化经营的效果。这些扶持政策对龙头企业积极履行社会责任形成了强大的激励。同时，2001年，我国出台了《农业产业化国家重点龙头企业认定和运行监测管理暂行办法》，对重点龙头企业进行动态管理。国家每两年一监测，合格的继续享受国家重点龙头企业的有关扶持政策，不合格的不再享有农业产业化国家重点龙头企业称号。这一政策对龙头企业积极履行社会责任形成了强大的约束。在激励约束机制下，龙头企业为了获得一系列扶持政策，必然会积极履行社会责任。

综上，在经济利益的推动和优惠政策的拉动下，龙头企业必然会积极履行社会责任（见图5.3）。

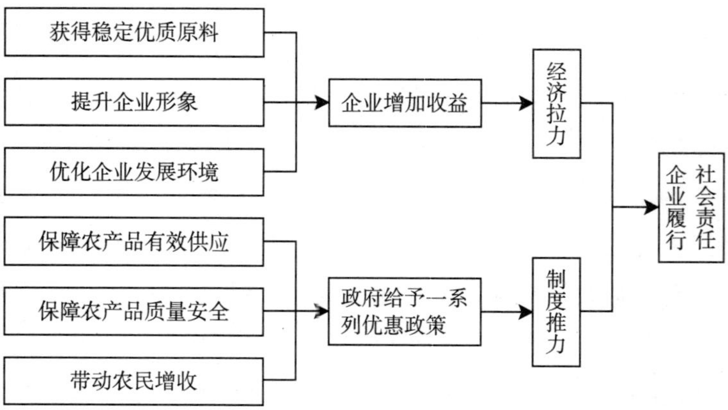

图5.3 企业履行社会责任的推拉模型

三、调查方法

1. 调查对象

龙头企业社会责任的履行涉及与企业相关的众多群体，理论界将其称为利益相关者（Stakeholder）。对于利益相关者的概念，目前尚没有形成统一的定义。Carroll（1993）认为，“利益相关者在企业中投入一种或多种形式的‘赌注’，他们也许影响企业的活动，或受到企业活动的影响”。Clarkson（1995）认为，“利益相关者在企业中投入了一些实物资本、人力资本、财务资本或一些有价值的东西，并由此而承担了某些形式的风险，或者说，他们因企业活动而承担风险”。Freeman（1998）认为，“利益相关者是那些因公司活动受益或受损，其权利也因公司活动而受到尊重或侵犯的人”。虽然学者的定义各不一样，但是许多学者将利益相关者界定为那些与企业有一定的关系，并在企业中进行了一定的专用性投资，且承担了一定风险的个体和群体，其活动能够影响该企业目标的实现，或者受到该企业实现目标过程的影响。一般来说，企业持续经营离不开以下几类群体，即股东、员工（含管理者）、消费者、供应商、政府、社区及社会团体。美国学者弗雷德里克（Frederick）按照是否与企业直接发生交易关系，又将利益相关者分为直接利益相关者（Direct Interest Groups）和间接利益相关者（Indirect Interest Groups），其中直接利益相关者对企业的经营活动起着较大的影响。因此，本章仅详细介绍直接利益相关者。农业产业化龙头企业的直接利益相关者可以分为股东、养殖场、种（养）殖户和合作社，这些主体就是本章的调查对象。

2. 调查内容

根据调查目的，本章针对农业产业化龙头企业的社会责任认知、履行现状、存在问题等方面进行了详细调查。根据前面对农业产业化龙头企业社会责任定义和内涵的界定，本章具体对龙头企业在带动农民增收、保证农产品质量安全、保障职工福利、遵循环保原则、参与公益事业五个方面进行重点调查。

3. 调查方法

在调查中，主要运用访谈法和问卷法。访谈法是在一定的研究目的指导下，依据调查提纲，由访谈人员和被访谈对象进行面对面的交谈，进而收集有关资料和信息。访谈法的主要优点是：形式具有较好的灵活性和适应性，过程具有较强的可控性和互动性。在开始访谈之前，研究小组充分做好访前准备，主要包括：制订一个切实可行的访谈计划，确定访谈中问题，对访谈对象基本情况的了解，并对访谈员进行必要的培训等。问卷法是一种结构化的调查，其调查问题的表达形式、提问的顺序、答案的方式与方法都是固定的，而且是一种文字交流方式，因此，任何个人，无论是研究者还是调查员都不可能把主观偏见带入调查研究之中。问卷法节省时间、经费和人力，而且其调查的结果一般都能被量化出来，便于统计处理与分析。在调查的过程中，对龙头企业、养殖场、养殖户等对象调查主要采用问卷法，对个别有特色的龙头企业或合作社主要采用访谈法。

4. 调查地点和对象选择

为了使研究结果更加准确，我们对龙头企业所处的行业和地区进行了选择。从行业来看，养殖业是所有行业中产业化经营程度最深的行业，因此，我们选择有代表性的肉鸡、生猪和奶业。[①] 从企业规模来看，本章兼顾大型企业和中小型企业的原则，调查对象既有国家重点龙头企业，也有省级、市级龙头企业。从地区来看，我们东、中、西部各选择代表性省份进行调研，东部地区选择辽宁，中部地区选择河北，西部地区选择内蒙古和四川。辽宁省选择了沈阳、鞍山、营口和大连进行调研，共调查 19 家养殖业龙头企业、5 个养殖场和 5 个规模养殖户。四川省选择遂宁市射洪县和眉山市东坡区进行调研，共调查了 13 家养殖业龙头企业、2 家合作社、15 个养殖场和 20 个规模养殖户。河北选择永年县、成安县、沙河市和典周县进行调查，共调查了 11 家龙头企业、3 家合作社、5 个养殖场和 7 个奶牛养殖户。内蒙古选择呼和浩特市和包头市进行调研，共调查了 3 家养殖业龙头企业、3 个养殖场（包括 1 个奶联社、1 个养殖小区和 1 个私人养殖场）、2 家奶站和 20 个规模养殖户。

① 选择这些三个行业的理由：一是生猪行业。猪肉产品属于自由贸易行业，价格波动比较大，而且价格波动对于农民收益水平也有较大的影响。加上猪肉产品属于鲜活农产品，难以储存，市场波动对于养殖户具有较大影响。猪肉的质量安全问题近几年被公众广泛关注。因此以猪肉行业为例，分析龙头企业社会责任状况，具有一定的代表性。二是肉鸡行业。肉鸡的市场化水平很高，龙头企业与农户的利益联结关系比较紧密。三是奶业行业。奶业在畜牧业中占有重要的地位，研究具有重要性。特别是“三聚氰胺”事件发生后，对奶业的巨大冲击，研究更具有紧迫性，而且奶业是产业化经营中联系最为紧密的产业，具有典型性。

四、调查对象的基本情况

（一）龙头企业基本情况

本章共调查了龙头企业 46 家，其中四川 13 家、辽宁 19 家、河北 11 家、内蒙古 3 家。按企业级别来划分，这 46 家被调查的企业中，有国家龙头企业 19 家，省级龙头企业 11 家，市县级龙头企业 16 家；按照所有制形式来划分，这 46 家被调查的企业中，有国有企业 1 家，42 家为民营企业，2 家为港澳台及外商投资企业，1 家为其他类型企业；按企业所有权性质来划分，这 46 家被调查的企业中，有独资企业 9 家，股份制企业 34 家，合作企业 1 家，合伙企业 1 家，中外合资企业 1 家；按企业所属的类型来划分，这 46 家被调查的企业中，有加工型龙头企业 24 家，合作组织型龙头企业 3 家，养殖型企业 18 家，其他类型企业 1 家。

剔除 14 家数据缺失的企业，2007 年末样本企业总资产平均规模达到 5.57 亿元，其中总资产 1 亿元以上的企业有 17 家，占 53.1%，1 亿元以下的企业有 15 家，占 45.2%。在样本企业中，总资产规模最大的达到 75 亿元，总资产规模最小的仅为 0.09 亿元。2007 年末，样本企业平均年销售收入为 8.4 亿元，其中销售收入在 500 万元以下的企业有 1 家，占 3.2%；销售收入在 500 万至 1 亿元的企业有 9 家，占 28.1%；销售收入在 1 亿元以上的企业有 22 家，占 68.8%。在样本企业中，销售收入最高的达到 100 亿元，最低的仅为 80 万元。

（二）养殖场基本情况

本章共调查养殖场 24 家，其中生猪养殖场 15 家，养鸡场 5 家，奶牛养殖场 4 家。具体情况如下：

（1）生猪养殖场。15 家养猪场资产基本在 50 万~500 万元，投入多以自有资金为主。养殖场的职工平均人数为 8 人。养猪场规模呈现扩大趋势，

2008 年养殖规模情况是：1000 头以上的有 7 家，100~1000 头的有 5 家，低于 100 头的有 3 家。养猪场得到的国家补贴主要有规模化养殖建设补贴、能繁母猪补贴、能繁母猪保险补贴、标准化圈舍补贴、引种补贴等。

（2）养鸡场。在被调查的 5 家养殖场中，有 1 家种鸡养殖场、1 家蛋鸡养殖场和 3 家肉鸡养殖场。种鸡养殖场拥有资产 1000 万元，职工 80 人，占地 100 亩，畜舍面积 80 平方米，种鸡养殖规模 4 万只，年利润 3000 万元。蛋鸡养殖场拥有资金 1000 万元，职工 40 人，占地面积 22.5 亩，畜舍面积 8200 平方米，养殖规模 4 万只。肉鸡养殖场规模相对较小，拥有职工 30 人左右，年养鸡规模为 20 万只。

（3）奶牛养殖场。被调查的 4 家奶牛养殖场中，有 1 个奶联社、1 个养殖小区、2 个私人养殖场。奶联社牧场占地面积 300 亩，现有职工 20 多人，有 1000 多头奶牛、600 多头后备牛。养殖小区牧场园区占地 700 亩，有饲养 50~100 头奶牛的大户型单元牧场 45 个，10~20 头的小户型牧场 32 个。牧场园区总投资额 2000 万元，设计饲养规模 4000 头奶牛。2 个私人养殖场规模大小不一，较大的奶牛养殖场总资产 1600 万元，占地总面积达 260 亩，拥有职工 35 人，养殖规模由 2006 年的 800 多头增加到 2008 的 1700 头。较小的奶牛养殖场于 2008 年 9 月正式投产，共投入资金 700 万元。养殖场占地 150 亩，有 150 多亩的饲料基地，饲养奶牛 300 多头，现有雇工 15 人。相比养猪场而言，养牛场国家补贴政策不明确，得到的补贴较少。

（三）养殖户基本情况

本章共调查养殖户 43 家 ，其中生猪养殖户 15 家、养鸡场 4 家、奶牛养殖户 24 家。具体情况如下：

（1）生猪养殖户。被调查的 15 户生猪养殖场中，四川 13 家，辽宁 2 家。四川养殖户的养殖规模较小，养猪规模在 8~180 头，多数都在几十头左右；户均投入约 12 万元，其中购仔猪款户均 5 万元以上。养殖户购买农资和仔猪有的是从个体商贩处购买，也有的是通过合作社。辽宁调查的养殖户平均饲养规模为 300 头，平均每头利润为 200 元。

（2）肉鸡养殖户。被调查的 2 户肉鸡养殖户家庭平均耕地面积为 4 亩，基本不进行种植业生产，两个养鸡户的年饲养规模分别为 1.4 万只和 10 万只，平均每只鸡纯利润为 2 元。

（3）奶牛养殖户。被调查的 24 户奶牛养殖户中，养殖小区 3 户，散养户 21 户。养殖户户均劳动力数 3 人，户均投入养牛资金 22 万元，其中购牛款是最大的投入项目，占总投入的 60%。户均养殖规模为 22 头牛，其中成年母牛 12 头。养殖小区农户养殖方法较为先进，由于养殖小区属于伊利公司的定点奶源供应点，饲料配比、青贮提供、技术服务、疫病防治、挤奶等均由伊利公司统一提供，奶源质量比较高。散养户养殖方法较为传统，饲料方面主要使用自己种植的、满足家庭口粮需要之外的玉米、小麦等，不足时从个体商贩处购买玉米、豆粕等，基本不使用青贮饲料。小规模养殖户采用人畜混养模式，养殖环境较差，疫病主要靠自己防控，奶源质量不高。

（四）合作社基本情况

本章共调查了 5 家合作社，其中四川 2 家，河北 3 家。四川的 2 家合作社分别为眉山九升兔业专业合作社和射洪生猪合作社。河北的 3 家合作社分别为永年县京山育苗专业合作社、永年县众持蔬菜专业合作社、宁晋群芳食用菌专业合作社。两家蔬菜专业合作社主要依靠永年县的蔬菜批发市场，规模较大，为社员提供农资、技术、信息、产品销售等全方位服务。群芳食用菌合作社注册资金 350 万元，成员 105 个，主要经营食用菌各种菌种、原辅材料、农药和食用菌产品的加工销售业务，引进新品种、新技术，开展技术咨询服务。

五、农业产业化龙头企业履行社会责任的现状及成因分析

（一）农业产业化龙头企业对社会责任的认知

通过调查，我们发现农业产业化龙头企业对社会责任的认知主要表现为以下三点：一是大多数企业将带动农民增收致富作为最基本的责任。大部分

龙头企业都能认识到其在带动农民增收方面的重要责任。在样本企业调查中，有66.67%的企业认为带动农民增收致富是最基本的责任（见表5.1）。二是不同的龙头企业对社会责任的认知存在差异。企业社会责任对于大多数农业产业龙头企业来说是一个比较新颖的“概念”，因此，不同龙头企业对社会责任各有各的看法。调查发现，龙头企业对社会责任的理解可以大致归为九个方面。另外，不同的龙头企业对社会责任的理解各有侧重。调查发现，有的企业将带农增收作为最重要的社会责任，有的企业将保护环境作为最重要的社会责任，有的企业将参与慈善事业作为最重要的责任，甚至部分企业把科技创新、依法纳税作为企业社会责任的一个内容。三是大企业对社会责任的认知要明显高于小企业。知名的大企业在政府的引导下和出于对自身利益的考虑，在企业公民的意识、理念以及参与建设的深度和广度等方面强于中小企业，走在企业社会责任运动浪潮的前方。如伊利公司对企业社会责任的认识就较为清楚，该公司将企业的责任理念定义为“企业不应该只是优质产品的生产厂，更应该是为社会积极做出贡献的好邻居、好公民。在消费者眼中，伊利就意味着丰富品类和可靠品质；在投资者眼中，伊利就意味着丰厚回报和长远利益；在合作者眼中，伊利就意味着忠实盟友和共赢伙伴。而在政府、社会和民众眼中，伊利就是诚实纳税人、环境的保护者和优秀企业公民的代名词”。

表5.1　龙头企业对“社会责任”的理解

企业对“社会责任”的理解	提到次数	提及率（%）
带动农民致富	26	66.67
节约资源、保护环境	17	43.59
保证产品质量安全	15	38.46
保障职工的权益	14	35.90
参与社会公益事业	10	25.64
遵守商业道德	10	25.64
依法纳税	7	17.95
促进就业	4	10.26
科技创新	3	7.69

资料来源：根据调研结果整理。

（二）农业产业化龙头企业社会责任的履行情况

1. 龙头企业采取多种措施带动农户，农户增收效果明显

从调查结果来看，龙头企业积极与农户签订订单，保障农民基本收入，而且还通过多种方式拓宽农民增收渠道。

一是龙头企业积极与农户签订订单，并坚持履行合同，保障农户农业收入。部分龙头企业积极与农户签订了书面购销合同，采用加价收购、保护价收购等方式收购农产品，并坚持履行合同，解决了农民的后顾之忧。四川射洪县食品有限责任公司 2004~2008 年每年平均以订单的方式在全县收购生猪 20 万头，带动农户户均增收 1500 元。特别是在金融危机的影响下，许多龙头企业经受住了考验，按合同价敞开收购农产品，确保农民增收。据农业部对 222 家畜产品龙头企业调查的数据显示，2008 年全年和 2009 年上半年，企业从农户收购的原料数量比上年同期增长 10%以上，原料价格也比上年同期增长 9%左右（见表 5.2）。河北国宾食品有限公司和农民签订种植回收合同，制定保护价格。在金融危机的不利影响下，2008 年 12 月，我国南方双孢菇价格每公斤降至 2 元左右，但该公司仍按平均每公斤 5.6 元的价格收购，仅此一项就让利于民 260 余万元。

表 5.2　金融危机下龙头企业收购农户原料与价格

	2008 年第 1 季度	2008 年第 2 季度	2008 年第 3 季度	2008 年第 4 季度	2009 年第 1 季度	2009 年第 2 季度
原料收购数量与去年同期相比（%）	14.41	10.25	9.35	11.79	10.50	12.99
原料收购价格与去年同期相比（%）	12.01	11.05	9.28	7.75	6.85	11.58

二是龙头企业积极拓宽农民就业渠道，增加农民工资性收入。龙头企业通过延长产业链条，不仅吸纳了一批农民直接进厂务工，而且还带动了一批农民从事农产品运输、营销等环节的经营活动，拓宽了农民的就业，带动农民增收。2007 年，四川全省龙头企业从业人员达到 143.3 万人，占产业化经营组织从业人员总数的 33%。四川省射洪县 2007 年从事生猪购销、屠宰、肉制品加工和生猪贩运的人员已经从 2003 年的 780 人增加到 1890 人。河北凯特集团有限公司 2007 年新建的新项目可安置闲散劳动力 1200 余人从事工

业生产，而且新项目每年转化玉米 12 万吨，使农产品转化增值，同时，新项目还可带动当地运输业发展，带动农民增收。

三是部分龙头企业让农户以入股分红等方式参与利益分配，增加农民财产性收入。调查显示，四川省 2007 年在各类产业化经营组织与农户的利益联结方式中，利益返还的有 7650 个，股份参与的有 5960 个。[①] 内蒙古的调查显示，有的奶农将牛交给养殖场、牧场或者奶联社养殖，用以牛入股的方式，定期（一般是一年）分得一定的红利。如骑士牧场的奶牛一部分是公司自有的，另一部分是奶农入股的，一头奶牛一年分红 2000 元，连续分红 30 年，所产牛犊归公司所有。加入奶联社的奶农把奶牛交由联社饲养。在入社初期，对牛进行评估，确定使用年限，然后以评估价为准，按照年限均额返还给奶户，最后奶牛的残值交由奶户进行选择。比如，一头奶牛评估价 6000 元，使用期限 5 年，则每年返还奶户 1200 元，5 年以后奶牛或可卖给公司，或可自己拉牛出售。

2. 龙头企业不断加强内部管理，食品质量安全水平明显提高

农业产业化龙头企业不断采取各种有效措施，完善农产品质量控制体系，食品质量安全水平明显提高。

一是建设高标准原料基地。龙头企业不断加大基地建设投入，确保原料安全。2008 年，龙头企业对农产品原料基地投入总额达 1000 多亿元，其中基础设施建设投入 474 亿元，农民培训投入 45 亿元，生产资料垫付 322 亿元，其他投入 168 亿元。同时，企业对订单农户在饲料、用药等方面有较为严格的规定，定期不定期为农户提供技术咨询与服务，从源头保证质量安全。河北国宾食品有限公司实行统一供种、统一技术、统一管理、统一质量指导、统一收购、统一价格的“六统一”服务，由公司提供技术、菌种，农户按照标准进行管理、按市场价格回收产品，从生产源头控制了产品质量。

二是加强检验检疫。近几年，龙头企业加大对检验检疫的投入，购买了一批检验检疫设备，增加了检验检疫项目。据农业部对 894 家国家重点龙头企业的监测，2009 年龙头企业的质量检验检疫费用达到 30.4 亿元，比去年增长了近 26%。

---

① 资料来源：四川省农办 2008 年 8 月 28 日提供的材料。

三是积极参与质量控制体系认证。四川省13家龙头企业中，有6家龙头企业执行无公害食品标准，2家执行ISO9000标准，3家执行绿色食品标准，1家执行有机食品标准，有3家企业同时执行两个以上质量标准。另外有5家企业建立了质量追溯体系。河北省的11家龙头企业中，有4家执行无公害食品标准，3家执行ISO9000标准，2家执行绿色食品标准，有4家企业同时执行不止一个质量标准，还有2家企业建立了质量追溯体系。内蒙古的3家龙头企业中，以伊利公司的质量管理体系最为全面。伊利以ISO9000质量管理体系为主线，建立了全面质量管理体系，并分别引入并整合了ISO22000食品安全管理体系，ISO14001环境管理体系和OHSAS18000职业健康安全管理体系，实现了从收奶、标准化、无菌灌装、机械手包装及出库的工业全自动化控制。

3. 龙头企业不断改善工作待遇条件，员工的福利水平明显提高

员工是与企业利益直接相关的利益相关者，他们的利益能否得到实现，关系到企业的生产经营能否得以有效运转，甚至关系到企业的前途和命运。龙头企业采取多种措施，不断改善员工的工作待遇条件，特别是在金融危机下表现更为明显。

一是稳定就业岗位。许多龙头企业外拓市场与苦练内功并举，确保生产不出现大的滑坡，维持企业正常运转，稳定现有就业岗位。还有一些企业通过采取弹性工作制、改造生产设施、加强职工培训等措施，努力做到减产不裁员。据我们对904家龙头企业的调查，即使在金融危机影响最深、企业效益大幅下滑的2009年第一季度，企业固定用工仍然稳定在2008年水平。

二是增加就业岗位。龙头企业加快调整产品结构，开发多元化、多层次的新产品，提高加工产能，扩大生产规模，增加就业岗位。2009年，汇源果汁通过新建工厂14个，引进38条世界先进生产线，果蔬年加工能力扩大到122万吨。通过新建700多个直营、直销和服务经销机构，仅销售岗位就增加了1万多个。

三是注重职工培训。龙头企业通过开展在岗培训、技能培训、专业培训等方式，提高职工队伍素质，培养适应企业发展的不同层次的人才。据对904家企业调查问卷显示，85.09%的企业加大了员工培训，平均培训1387人次，累计培训员工138.56万人次。

四是提高农民的工资福利水平。据农业部对894家国家重点龙头企业的监测数据显示，2009年企业职工工资福利总额437.9亿元，比去年增长10.2%。

4. 龙头企业关注企业污染治理，并主动参与生态环境保护

在环境保护方面，部分农业产业化龙头企业不仅做到和一般工业企业一样的“三废”污染治理，而且还积极参与农业生态环境保护。

一是减少污染排放。如内蒙古伊利集团先后投资1800多万元建设和扩建了污水处理厂，采用最新的厌氧技术处理污水，处理后的出水达到国家污水综合排放一级标准。内蒙古骑士公司投入了60多万元，购买了锅炉除尘设备，减少了对当地空气的污染。

二是发展循环农业。辽宁被调查的19家企业中，有11家企业投入30万~200万元不等的资金进行环境治理，包括建沼气池、有机肥处理厂和污水处理站等，并将处理后的废料作为农田肥料，处理后的废水作为农田灌溉水源。四川省一些生猪加工企业也积极探索循环经济模式，采用猪沼果、生物处理等方式来确保周围环境不被污染。

三是主动参与国家的各种保护生态环境的项目。如伊利集团积极将企业自身发展与改善农牧业结构相结合，与国家倡导的退耕还草工程、禁牧工程相结合，逐步开展退耕还草还牧，改善生态环境。到2004年，人工种草0.57亿亩，围栏封育2.89亿亩，禁牧、休牧草原4.08亿亩，使7.49亿亩的退化草场得到了保护和治理。

5. 龙头企业积极参与社会公益事业，为其他企业树立了好榜样

龙头企业积极参与社会公益事业，在社会上起到了榜样的作用。

一是主动参与新农村建设，改善农村社区环境。在四川调查的13家农业龙头企业，基本上都在农村公益事业建设方面有过投入。其中有3家企业为所在社区修建道路，1家兴建幼儿园，3家兴建养老院，还有的建自来水站、帮助贫困学生，以及修缮村委会办公室、帮助五保家庭等。

二是支持教育文化事业。以伊利集团为例，在支持教育方面，伊利公司举办伊利宏志班，资助家庭收入在呼和浩特市低保线以下的中学生读书。资助家境贫困大学生，参加了“2007爱心照亮回家路——资助贫寒学子回家过年”、“春暖贫困大学生——伊利、刘翔、王小丫助飞爱心计划”、“伊利爱心互

助计划”等多项活动；在文化体育方面，伊利每年出资赞助呼和浩特“昭君文化节”。并且不断支持民族商品交易会、内蒙古自治区全运会，农民运动会、建造“乳都宝鼎”，为全区 101 个旗县团委捐赠电脑、县县上网工程等各种文化体育事业。

三是积极参与公益事业捐款。如在“5·12 大地震”中，一些龙头企业反应迅速，表现积极。据统计，2008 年 5 月 13~18 日，四川省农业产业化龙头企业向重灾区捐送方便食品、罐头、瓶装水等 35 车，价值近 300 万元。美宁集团在地震发生后不到半小时就紧急召开生产动员会，对厂房、设备、原料等进行严格检测，于 13 日 7 时组织第一批罐头交付空降部队，20 日还派人派车将 20 吨清真罐头送到青川县的两个乡。为了保证重灾区的补给，美宁压下一切内外销订单，其供应的各类罐头占全省的 85%以上。另外，一些龙头企业除了捐款捐物外，还积极参与灾后重建工作。以伊利集团为例，四川汶川大地震发生后，伊利集团通过各种渠道已向灾区捐款捐物 1300 万元，并积极参与灾后重建工作。伊利集团一直持续的“健康中国”计划，长期致力于推动“社区、青少年、环境”三大核心目标的健康发展，实现健康文化与健康生活的和谐共融。2008 年，这一计划将首先开启“阳光社区公益梦想”和“阳光心灵关爱行动”两大公益项目，持续关注四川地震灾区青少年的心理健康。

（三）农业产业化龙头企业履行社会责任中存在的问题

1. 龙头企业对社会责任的认识还不够清晰

我国企业还处于从传统的家族制企业向现代企业转变，从以国内市场为主到面向国内、国外两个市场转变的转型过程中，受长期以来计划经济、家族经济思维方式的影响，很多龙头企业还不清楚企业社会责任的内容以及企业社会责任的功能，对于自身所应该承担的社会责任还处于一知半解之中。从调查结果可以看出，表面上龙头企业对于“社会责任”的认识比较全面，但从每个企业个体看，他们对“社会责任”缺乏系统认识和深刻理解，对于履行社会责任的重点认识还不清楚。大部分企业将履行社会责任与办慈善事业等同。当问及企业社会责任时，一部分企业的第一反应就联想到了社会公益事业，把积极参与社会慈善事业、扶贫济困、捐资助学、社会救灾和支持贫困地区发展等与企业社会责任等同起来。如大连獐子岛渔业集团股份有限公司把企业的责任分为三类：首先是企业应承担并履行好经济责任，为国民经济快速发展发挥作用；其次是伦理责任，不扰乱市场秩序，不做危害社会的事，努力使社会不遭受消极影响；最后是企业的社会责任。

2. *龙头企业与农户的利益联结机制仍不完善*

在调查中，我们发现龙头企业与农户的利益联结机制仍存在一些问题，难以真正实现“利益均沾、风险共担”。

一是龙头企业与农户的利益联结方式还不紧密。在内蒙古，被调查的20户农户都与企业有长期合作关系，但是签有书面合同的仅为6户。因此，他们的合作多数没有法律效力，没有相应的责任和义务，不能互相约束。在企业和农户的合作中，两者处于不平等地位，企业处于主动和强势地位，农户处于被动和弱势地位。牛奶收购价格是企业说了算，奶农只能被动地接受。特别是“三聚氰胺”事件之后，企业面临经营困难，发生了拖欠奶款，以及提高质量检验要求、压级压价和拒收牛奶等现象。在调查的农户中，有一半的农户反映企业拖欠奶款，还有压级压价和拒收行为。

二是龙头企业与农户的利益分配方式还不完善。有些龙头企业虽然与农户签订了合同并履行合约，但却把农户排除在加工、销售两环节的获利范围之外。农户只是企业无正式身份的“打工仔”或者说廉价原料农产品的提供者，很难从增加的农产品附加值中获得相应的收益。在河北省调查的11家企业显示，货款结算方式中实行利润返还或二次结算的仅有3家。

3. *龙头企业在质量安全控制各环节仍有许多工作要做*

第一，农产品质量安全控制的最薄弱环节仍在生产阶段。目前龙头企业与农户形成的利益联结机制主要是合同方式，可归纳为“口头协议型”、“投入控制型”和“中介联结型”。“投入控制型”中企业的控制力较强，原料相对安全。但是该模式仍然存在不足之处：一是因为农户的养殖行为分散在各个农户家庭，企业并不能完全监控农户的生产行为；二是企业不能控制种、养殖环境对原料质量安全的影响；三是企业虽然具有较强的控制力，但是并不意味着原料就具有较高的质量安全水平，可能出现企业为了降低成本，放松投入品质量安全要求的情况。实际的调研显示，由于企业难以与小规模分散农户形成紧密的利益联结机制，农产品质量安全源头控制的效果并不理想。第二，加工环节食品质量控制总体形势不容乐观。有效的质量安全控制体系（HACCP、ISO9000 等）是加工农产品质量安全所必需的控制手段。部分龙头企业由于规模小，实施质量安全管理体系的负担较重，支付质量安全管理体系实施成本的意愿较弱。第三，部分龙头企业产品流通方式仍然比较落后。调查显示，部分龙头企业的农产品流通多是以自然形态运销、裸露、散装、非冷藏状态下的流通，而且分级简单、粗糙，极不规范，包装简陋甚至根本没有，容易在运输、分销、零售以及多次装卸过程中增加二次污染机会。

此外，龙头企业在保障职工福利、环境保护和参与公益事业方面仍然不足。从调查来看，仍有少部分龙头企业存在员工工作环境较差、工作强度较高、安全性较低、不重视员工培训等问题，极少部分龙头企业还存在拖欠员工工资问题。虽然部分龙头企业采取建沼气池、建有机肥场等措施来保护环境，但是很多建设内容是《环保法》、《环境影响评价法》等的基本要求，龙头企业特别是中小型龙头企业主动参与环境保护的意愿还不强烈。另外，我国很多企业还没有把乐善好施看做应承担的社会责任。在我们的访谈调查中，部分企业负责人认为，参与慈善事业仅仅是企业一种道德上的追求，甚至有人认为，参与慈善事业是企业“作秀”行为。

（四）原因分析

1. 制度建设不完善和制度执行不到位

目前我国虽然对企业社会责任履行也做出了相关规定，但散见于不同的法律法规中，如《公司法》第五条规定：“公司从事经营活动，必须遵守法律、行政法规，遵守社会公德、商业道德，诚实守信，接受政府和社会公众的监督，承担社会责任。”《公司法》第十七条规定：“公司必须保护职工的合法权益，依法与职工签订劳动合同，参加社会保险，加强劳动保护，实现安全生产。公司应当采用多种形式，加强企业职工的职业教育和岗位培训，提高职工素质。”其他相关法律法规如《劳动法》、《消费者权益保护法》、《产品质量法》、《环境保护法》、《社会保障法》、《公益事业捐赠法》等也大致提到了企业社会责任问题。这些法律有的比较粗糙，不具有可操作性，有的只规定了责任和义务，而没有对不履行责任和义务的行为进行处罚的条款。由于尚没有专门的法律对企业的社会责任做出系统规定，使得龙头企业履行社会责任缺乏系统的法律约束和保障。对龙头企业履行社会责任缺失产生更为直接和严重影响的是"执法不严"。农业产业化龙头企业所承担的社会责任中有些属于强制性社会责任（如食品安全等），但近年我国发生多起重大食品安全事故，如"阜阳奶粉"、"红心鸭蛋"、"三聚氰胺"等事件，表明农业产业化龙头企业应该承担的强制性社会责任没有得到有效规范和切实履行。执法不严不仅影响了法律的尊严和权威，还助长了企业逃避、对抗法律的侥幸心理，使企业的社会责任意识更难以培育和强化。

2. 龙头企业承担社会责任的能力仍然不强

企业也和自然界中的生物类似，经历着诞生、成长、成熟、衰退直至死亡的生命历程。在企业发展的不同阶段，其所承担的社会责任也不同。在起步阶段，由于企业规模较小，实力较弱，为了追求快速发展，企业更多的是将企业的利润最大化（经济责任）放在首位。因为企业即使有承担企业其他社会责任的意愿，但没有经济支持，也无法承担得起。而且受经济能力及市场竞争的限制，可能有时候还会违反国家法律规范（法律责任），更不用谈履行伦理责任和慈善责任。当企业到了成长阶段，为了获得政府和社会的资源，企业可能会在国家法律规范（法律责任）的前提下追求利润最大化，也就是说企业已经具备并遵守了旧理念中的企业社会责任。当企业进入稳步发展阶段后，企业已经在市场竞争中立足了脚跟，为了持续发展，获得社会及政府的认同，赢得更多的声誉，企业开始考虑伦理责任和慈善责任，并将其作为发展战略的一部分。现阶段，大部分龙头企业发展处于转型期和成长阶段，部分仍然处于以营利为目的的资本原始积累阶段，企业的经营状况和经济实力还不允许企业全面承担社会责任，即使经营者具备较强的社会责任感和承担社会责任的意识，其决策也必须依据企业的发展状况而定。这一因素是导致我国龙头企业社会责任缺失的一个重要原因。

3. 尚未形成积极履行社会责任的良好氛围

龙头企业社会责任的履行受"轻社会责任"的社会大气候影响。目前我国正处于经济体制转轨过程中，人们的价值观念也在发生深刻而快速的变化，很多企业往往把亚当·斯密关于"经济人"假设奉为神话，无限制地追逐经济利润，不讲企业的伦理道德与法律责任，拒不承担企业社会责任。

2007年7月，在日内瓦召开的“联合国全球契约领导人峰会”的一次部长级圆桌会议上，英国社会与道德责任研究院发布了其第4份双年报告——“2007年责任竞争力状况”，中国的责任竞争力指数排在第87位，是金砖五国（BRICS：巴西、俄罗斯、印度、中国和南非）中排名最低的国家。目前，整个社会仍没有形成企业积极履行社会责任的氛围。企业不承担社会责任，并没有招来社会的指责，消费者也没有抵制企业产品，政府、媒体等社会机构没有对其进行批评报道，不承担社会责任的成本极低。

六、结论与政策建议

从以上分析可以看出，在认知方面，企业社会责任对大多数龙头企业来说还是一个比较新颖的概念，虽然大多数企业对其有一定的了解，但是认识还不全面，而且大企业的认知程度要明显高于小企业。在履行方面，企业在带农增收、质量安全、员工福利、环境保护、慈善公益等方面取得了显著的成绩，但是仍然存在一些不足。

从研究结果看，有以下问题需要进一步研究：一是龙头企业承担的各具体社会责任之间的关系。按照本章的研究结果，可以将龙头企业社会责任界定为带农增收、质量安全、员工福利、环境保护、慈善公益五个方面。那么，还要确认以下两点：①各具体的社会责任之间的重要程度是否是相同的，即企业应重点履行哪方面的责任；②企业履行社会责任之间的优先序是怎样的，即企业首先应该履行哪方面的责任。二是龙头企业承担社会责任范围问题。具体包括三个小问题：①不同行业之间，龙头企业承担的社会责任之间的差别。如农业可以简单分为种植业和养殖业，显然，养殖行业由于牲畜的排污等对环境的影响非常大，因此，对养殖行业的龙头企业而言，其要重点承担保护社会环境的责任。②同一行业之间，不同企业所承担的社会责任之间的差别。龙头企业按规模和经营能力可以分为国家重点龙头企业、省级重点龙头企业、市级重点龙头企业等类型，不同级别的龙头企业实力差异很大，因此，承担的社会责任也要有区别。③同一龙头企业，不同发展阶段所承担社会责任之间的差别。企业在发展初期，经济实力较弱，不可能承担较多的社会责任，在企业发展壮大后，可以再提高其承担社会责任的要求。三是如何评价龙头企业承担社会责任水平问题。目前我们仅对龙头企业社会责任的具体承担内容进行了五个方面的界定，但是对同一行业内每个具体社会责任应设立哪些具体指标，各个指标应该占多少权重，不同行业之间企业履行社会责任水平应如何进行比较等问题仍有待解决，对龙头企业社会责任履行水平的评价还不容易操作。四是如何改善企业履行社会责任的外部环境问题。在调查中我们发现，企业在履行社会责任时，也存在“劣币驱逐良币”的问题，即履行社会责任的企业，承担了较大的成本，与不承担社会责任的同类企业相比，在市场中处于劣势，从而逐步退出市场。因此，如何改善企业履行社会责任的外部环境已成为重要问题。具体包括：如何加强立法和执法、建立激励与约束机制、增强社会诚信意识、严把市场准入关等。

目前，我国龙头企业全面承担社会责任还需要一个过程。政府、企业和社会都需要进一步加深对企业社会责任的认识，在此基础上，各司其职，共同推动我国农业产业化龙头企业积极履行社会责任。

（一）政府要对企业科学引导

企业主动、自发性地承担社会责任离不开政府的引导和规范。在企业社会责任自律性普遍不强的情况下，要加强理论研究，强化立法保障，完善监督机制，鼓励维权行为。

1. 加强理论研究，尽快建立制定企业履行社会责任的评价体系

加强我国的企业社会责任建设，促使企业较好地履行其社会责任，首先必须有比较成熟的、能被企业采纳的理论。而我国关于企业社会责任的理论研究才刚刚起步，对企业社会责任概念还没有形成一个统一的认识，对其具体包括的内容认识模糊，这为一些想逃避社会责任的企业提供了可乘之机。因此，要加强对企业社会责任的理论研究，明确目前中国企业社会责任的具体内容及重点内容，构建符合中国国情的社会责任评价体系。2001 年，美国经济优先权委员会修订颁布了企业社会责任国际标准体系 SA8000，在国际社会尤其是西方发达国家得到了广泛支持，国际知名机构如 SGS、BVQX、DNV、ITS 等都已经开始积极开展 SA8000 认证业务。但 SA8000 的内容相对

比较单一，主要是强调劳工标准，而缺少其他方面的社会责任内容。因此，我们不能“照搬照抄”和普遍推广 SA8000 国际标准，而应当根据我国国情和龙头企业行业的特殊性，扩张企业社会责任的内容，除保障劳工权益外，应将保障农民权益、消费者权益、保护环境与节约能源等内容一并纳入，这样既与国际性标准接轨，企业又容易接受。

2. 完善企业社会责任立法，严格执法

要使企业社会责任切实得以实行而不至于仅仅停留在道德宣示上，制度建设就是一项必不可少的工作。近年来，我国出台了多部有关企业社会责任的法律，特别是 2005 年新修订的《公司法》首次明确提出了企业的“社会责任”问题。但《公司法》中对企业社会责任的规定并不是十分完善，仅仅是规定法定企业社会责任中的一部分，而非理论中的企业社会责任的全部，亦非法定的企业社会责任的全部。因此，我国关于企业社会责任的立法工作任重而道远。相关立法机构要充分借鉴国际组织和发达国家在推进企业履行社会方面积累的宝贵经验，将有关企业社会责任内容纳入到《公司法》等法律法规中，明确规定哪些责任是企业必须遵守的底线责任，哪些责任是企业应当倡导遵守的责任，哪些责任是企业体现社会公民的应尽义务等，做到“有法可依”。司法机关要加大执法力度，端正执法态度，改进执法方式，规范执法程序，做到“有法必依”、“执法必严”、“违法必究”，不断强化企业守法行为、诚信经营行为，强化企业履行社会责任意识，使企业在生产经营过程中严格履行自身所应承担的社会责任。

3. 加强企业社会责任信息披露制度建设，积极引导企业披露社会责任信息

完善的企业社会责任监督机制是企业履行的推动力。首先，应尽快统一规定龙头企业社会责任报告制度的名称、格式、披露方式，提高社会责任信息的可靠性、可比性。其次，要规范企业社会责任信息披露的内容。要充分借鉴发达国家和一些国际组织制定的社会责任信息披露标准和我国其他行业

的先进经验,[①] 规范企业社会责任信息披露的内容，防止企业有选择性地披露对其有利的信息。再次，实施企业社会责任报告的审计制度。财政、审计机关及注册会计师协会要及时制定企业社会责任报告审计准则或标准，明确社会责任报告审计的对象、审计范围和审计主体，设计科学合理的社会责任报告审计方法和程序，拟定社会责任审计报告的主要形式，使社会责任报告审计有据可依。最后，建立信息披露的激励和约束机制。在激励方面，可以把公司披露的履行社会责任情况作为公司进行有关评价、认证及选择政府采购供应商、政府工程承包商等工作时一项重要考核指标；在约束方面，应加大对虚假信息披露的公司处罚力度。

4. 正确引导舆论，鼓励员工、消费者等企业非股东利益相关者的维权行为

政府应加强对企业社会责任的宣传，让全社会都来关注企业社会责任，参与到推动企业社会责任建设的活动中来，营造良好的社会氛围。一是要加大对企业的宣传力度，使企业认识到，承担社会责任有利于企业的发展，如若不然，就会给企业的长远发展带来负面影响。二是要加大员工、消费者等企业非股东利益相关者的宣传力度，使他们对企业社会责任有清晰的认识。同时政府应简化维权的程序，降低维权的成本，甚至可以在生产集中地、消费集中地设立专门的权益保护机构，如在企业集中地区设立劳动者投诉站，在市场设立消费者投诉站等。这样，一方面能尽快对员工和消费者所反映的问题进行处理，以维护他们的权利；另一方面也对企业产生威慑作用，督促其履行社会责任。

（二）企业要以积极的心态响应

我国企业应该以一个积极的态度面对，在承担社会责任的意识、认识和

① 如 CEPAA（标准和认可咨询委员会）制定的组织社会道德责任标准（SA8000），国际劳工组织（ILO）制定的国际劳工标准，特别是全球报告倡议组织（GRI）发布的《可持续发展报告指南》为社会责任披露提供了全面可操作的参考框架。它提出完整的企业社会责任报告应包括三部分：社会责任（包括 SA8000、职业健康、安全、人权状况、慈善等），环境责任（包括“三废”处理、温室气体排放 CDM 等）和经济责任（利润、税收等）。从国内来看，从 2006 年开始，国家电网公司、中石油、中远集团等一批中央企业公开发布企业社会责任报告或可持续发展报告。2008 年国资委发布的《关于中央企业履行社会责任的指导意见》明确指出：“有条件的企业要定期发布社会责任报告或可持续发展报告。”国内的这些尝试也积累了许多可以借鉴的经验。

能力方面加强企业自身建设，努力成为一个合格的企业公民，为我国的和谐社会建设贡献自己的力量。

1. 提升企业伦理境界，树立履行社会责任理念

企业首先要加强对社会责任的理解，从思想上提升企业的伦理境界。企业要坚持“以农为本”，把“农民得到实惠”与“公司赢得利益”统筹考虑，树立长远的发展观。企业不仅要认识到经营利润只有建立在尊重社会道德和履行社会责任的基础上，才可以取得长期的更大利益，更重要的是，要认识到社会责任是企业应尽的义务和责任。在社会中要树立良好的企业信誉，强化企业自律精神，主动地、尽可能多地承担起促进产业发展、带动农民增收、保证食品质量安全的社会责任；树立保护环境、实现人与自然协调发展的生态文明观，加强环保意识，积极参与新农村建设，切实履行企业保护生态环境的社会责任。广泛参与社会慈善活动，争取做一个良好的“企业公民”，回馈社会。

2. 改善经营管理，增强承担社会责任的实力

企业的经营效益决定了企业履行社会责任的能力。为此，龙头企业首先应加快现代企业制度建设，不断完善和强化内部管理，搞好生产经营，创造更多的利润，使得企业承担社会责任的实力增强了。其次，要抓住政府深化企业改革的机遇，通过兼并收购等战略性重组，壮大自身实力，提高规模效益。最后，要充分利用国家支持龙头企业发展的各项政策，抓住国家重视农业的机遇，加快企业发展，尽快做大做强。

3. 大企业应率先示范，中小企业渐次参与

目前，企业社会责任已经成为全球企业发展的重要组成部分和企业优劣的衡量尺度。在全球化浪潮下，倘若我国企业置身事外，将面临被世界经济主流鄙视和抛弃的尴尬境地。因此，我国企业必须高度重视企业社会责任建设，主动融入其中。然而，在我国企业社会责任理念刚刚起步，而且农业企业经济实力参差不齐，在此前提下，要求每一家企业都担负起社会责任，既不现实也不可能。从全球来看，大企业是履行企业社会责任的“领头羊”，广大的中小企业在其要求或外界推动下参与进行。因此，影响力大的企业，应树立承担社会责任的典型，以起到示范作用。中小企业由于其经济实力有限，因此，在履行社会责任方面可以量力而行。但这不意味着规模小、实力

薄弱的企业不用承担或少承担社会责任，企业的行为仍然要受“社会责任”框架的约束。不论大企业还是中小企业，都应注意发展与责任的平衡，不能一味追求经济目标而忽视企业的责任，同时也不能为承担社会责任而放弃企业发展。

（三）社会要加强监督，形成良好的文化氛围

首先，要充分利用传媒力量，通过广播电视、印发宣传手册和举办培训班的方式，加大企业社会责任知识的传播，让全社会都来关注企业社会责任，参与到推动企业履行社会责任的运动中来，营造推进企业社会责任的社会氛围。通过宣传，一方面可以纠正企业对社会责任的认识偏差，可以使企业在一个积极促进企业社会责任的环境中认识到推行社会责任，将有利于企业发展。另一方面可以纠正民众的认识偏差。由于我国多年来实行计划经济体制，导致人们对企业缺乏社会责任感习以为常，并认为诸如环境保护、慈善事业、员工的发展应是政府或个人的责任，而与企业没有关系。通过宣传，民众可以了解企业社会责任知识，并认识到我们的环境保护、社会的和谐发展都与企业的社会责任密切相关。民众可以对不承担社会责任的企业产品采取抵制措施，通过购买行为约束企业履行社会责任。

其次，充分发挥舆论媒介和消费者协会、工会等社会群众团体组织的作用，加强社会对企业承担社会责任的监督，形成多层次、多渠道的监督体系。特别是媒体对企业应进行舆论上的监督与引导，及时曝光在承担社会责任方面做得好的企业与做得不足的企业，公众有权利也有意愿及时了解这些信息。而同时，公众反馈回来的感受又会通过媒体形成舆论压力，对企业施加影响。并且也可以加大企业之间的监督及引导力量，企业的行为及由此产生的后果对其他企业具有警示作用。

最后，重视理论的宣传和传播，在高等院校的经济学和管理学专业开设相关的课程，使企业社会责任意识和理念及早进入未来企业经营者的脑中和心中。

第六章　农业产业化龙头企业社会责任的信息披露与履行

“农业产业化”这一提法在刚出现的时候，就与实现“小农户”与“大市场”衔接等一系列社会责任相伴随。农业产业化龙头企业在自身不断发展的同时还要履行带动农民增收致富、保证农产品质量安全、保护资源环境、保障劳工福利、参与社会公益事业五大社会责任。在农业产业化龙头企业扶持制度的设计中，从一些侧面考虑了企业的社会责任，从而引导龙头企业践行了部分社会责任。然而，根据对目前农业产业化龙头企业发布社会责任报告情况的研究，农业产业化龙头企业社会责任披露意识不强。这种现象的原因，完全可以用经济学的逻辑来阐释，并且可以得到经验证据的支持。

一、农业产业化龙头企业的社会责任

目前关于企业社会责任的研究已经取得了一定的成果，但是关于农业产业化龙头企业的社会责任，无论在学术界还是实业界，关注者都比较少。根据农业产业化龙头企业社会责任调查总报告的界定，与其他企业一样，农业产业化龙头企业要履行一般的社会责任，如一般意义上的环境保护、保护公众利益、照章纳税、为员工提供保险和福利等（沈艳、姚洋，2010）。[①] 此

① 根据沈艳和姚洋（2010）在 2006 年针对全国 12 个城市 1268 家企业的调查，企业认定的社会责任活动包括：环境保护（64%）、参加社会公益活动（48%）、照章纳税（45%）、为员工提供保险和福利（43%）、为员工提供合理的工资（40%）、为员工提供安全和运转良好的工作条件（34%）、支持就业和地方经济发展（29%）、保障产品质量（22%），以及通过工会或其他渠道来改善企业和员工的关系（9%）。这些企业中有 23.29%的企业是农、林、牧、渔企业。

外，作为农业产业化龙头企业，还要履行五大社会责任。

1. 带动农民种养业增收

传统小规模农业经营方式比较利益低下，“小农户”与“大市场”衔接有一定的矛盾，这是中国农业面临的两个重大问题。农业产业化经营的目标正是解决这样两个问题（农业部农村改革试验区办公室，1997）。因此，农业产业化经营被认为是我国农村改革继实行家庭承包经营之后农村经营体制和组织制度的一个重大创新（张照新，1998；黄连贵等，2008）。尽管在种植和养殖层面上，小规模农户是最佳规模（differential optimum），[①] 但是在农产品加工和销售的层面上，具有规模经济效益的产业组织才是最佳规模（黄宗智，2009）。近年来，我国国家层面的农业产业化经营战略中，完善带动农户的组织制度和利益联结机制被作为农业产业化经营的核心。[②] 带动农民种养增收，是国家出台一系列扶持政策支持农业产业化龙头企业发展的核心目标。农民与企业在农业产业化经营组织中结成了根本利益一致的经济利益共同体，带农、惠农是龙头企业的基本特征和基本要求。企业要持续经营，总要面临着向上游生产者买入原料从事生产的协同。在这个过程中，农民需要稳定的农产品销售渠道，龙头企业需要稳定的原料供给。龙头企业要在加快自身发展的同时，兼顾农民的利益，让农民得到更多的实惠和收益。

2. 保证农产品质量安全

产品消费者和生产者之间存在着信息不对称，而且农产品生产过程中也有无意污染的情况（Antle，1996）。在中国传统农业生产中，小农户农产品质量安全意识淡薄，并且质量安全控制知识和能力有限。这一中国农业的基本国情导致农产品质量的信息不对称和无意污染的情况更为严重，且不易控制。于是，作为农产品生产经营的组织者和销售主体，有时还可能是检测者，[③] 企业应当在农产品生产经营方面承担保证农产品质量安全的责任。[④] 然

---

① 根据黄宗智（2009）所述，最佳规模的概念是恰亚诺夫的理论概念。

② 参见农业部等8部委《关于加快发展农业产业化经营的意见》（农发［2006］6号）中关于发展农业产业化经营的指导思想和目标的表述。

③《中华人民共和国食品安全法》（2009年2月28日第十一届全国人民代表大会常务委员会第七次会议通过）第六十一条确认，“食品生产经营企业可以自行对所生产的食品进行检验”。《中华人民共和国农产品质量安全法》（2006年4月29日第十届全国人民代表大会常务委员会第二十一次会议通过）中也有类似的规定。

④《中华人民共和国食品安全法》中对企业在食品安全标准、食品生产经营责任、食品检验、食品进出口、食品安全事故处置、法律责任方面都进行了相应的法律规范。

而，企业在农产品质量安全方面受制于能力和基础条件、认知偏差以及缺乏外部动力等因素，而不履行保证食品安全的部分责任（周洁红、叶俊焘，2007）。近年来，国内食品安全和农产品质量安全事件时有发生，国际食品安全事件和重大动植物疫病也引发了国内的广泛关注。尤其是 2008 年的“三聚氰胺”奶制品事件，牵涉了多家国家级农业产业化龙头企业，这凸显了农业产业化龙头企业在农产品质量安全方面社会责任的缺失。[①] 在这种情况下，必须对大型企业强制推广食品安全的管理体系，让它们产生示范带动效应。[②] 从而，不制假售假、不以次充好，确保不出现重大食品安全事件，保障消费者的健康权益成为农业产业化经营龙头企业的一项重大社会责任。

3. 保护资源环境

农业生产所依赖的资源往往具有公有物品的性质，从而造成其在利用上产生了“公地悲剧”。[③] 农业生产过程中产生的污染具有非点源性，从而造成环境监管的困难（Segerson，1988）。资源的低效率利用与环境的日益恶化，几乎已成为制约农业可持续发展的“瓶颈”因素，[④] 也对工业生产效率和国民健康产生了负面影响（诺顿，2010）。小规模农户在生产过程中无法考虑资源利用的高效率和环境的可持续性，即使考虑到了也很难凭借单家独户的能力践行资源节约型和环境友好型农业。农业产业化龙头企业在资源可持续利用和环境保护方面拥有规模上的优势，完全可以在生产中践行生态农业。[⑤] 提

---

① 据新华网报道，在 2009 中国企业社会责任研讨会中，三鹿集团“三聚氰胺重大食品安全事故”被列为 2009 中国企业社会责任缺失案例中最严重的负面典型。详细参见新华网 2009 年 9 月 19 日报道，“2009 中国企业社会责任榜”在京发布，http：//news.xinhuanet.com/fortune/2009-09/19/content_12081517.htm。

② 周洁红、叶俊焘（2007）对浙江 117 家食品企业实施 HACCP 体系决策机理和 66 家已实施 HACCP 体系的食品企业进行了问卷调查，在因子分析的基础上得出了企业资产对实施食品质量安全标准营销较为显著的结论，以此为依据，提出了分阶段先从大企业推广实施 HACCP 管理体系的政策建议。

③ 诺顿（2010）对中国畜牧业发展中“公地悲剧”的产生进行了一个简单的描述。详细参见诺顿著. 安佳译.《中国经济：转型与增长》. 上海：上海人民出版社，2010 年，第 447 页。

④ 这种严重问题可以从这样几个侧面得到一定的直观认识：中国的耕地面积与美国差不多，但化肥施用量已经是美国的两倍之多，在吉林等粮食主产区已经造成耕地板结退化严重（Gale，2010）；严重的水资源短缺已经迫使部分华北地区的农民放弃了小麦种植（Lomar 和 Wang，2002）。

⑤ 农业部等 8 部委《关于加快发展农业产业化经营的意见》（农发［2006］6 号）在推进农业产业化经营的工作重点部分中强调实现可持续发展：要发展绿色经济，把基地建设与改善农业生态环境有机结合起来，加大农业污染防治力度；发展集约经济，提高农业的有机构成，最大限度地提高资源利用率和土地产出率；发展生物质经济，推动农产品初加工后的副产品及其有机废弃物的系列开发，实现增值增效；发展循环经济，鼓励龙头企业使用节电、节油农业机械和农产品加工设备，努力实现低消耗、低排放、高效率，促进再生资源的循环利用和非再生资源的节约利用。

高农业资源的利用效率，控制农业面源污染，实现经济效益与社会效益、生态效益的有机统一，是龙头企业的又一特殊社会责任。

4. 保障员工福利

提高劳动者的教育、健康和营养水平会相应地提高劳动者的劳动生产率和收入（Bardhan & Udry，1999）。目前，农村居民占中国人口的大多数。根据舒尔茨改造传统农业的理论，对农民进行人力资本投资，应当作为农业经济增长的源泉。[①] 而工商企业能够促进人力资本的积累（吴敬琏，2008）。作为工商企业的农业产业化龙头企业拓宽了农民在农村的就业渠道，其本身在城镇吸收的非农劳动力也多是农村转移劳动力。通过提供符合劳工标准的工作条件，农村劳动力的人力资本和收入水平也会得到相应提高。在更高的层面上，农村居民能够获得体面的工作机会，会促进他们融入城市化进程，促进和谐社会的建设。在全球报告倡议组织发布的《可持续发展报告指南》（G3版）中很重要的内容就是企业要为员工提供符合劳工标准的就业机会。其中包括劳工性别与年龄的搭配、企业与员工对话协商机制、职业健康与安全、员工利益及其对多元化和平等待遇的贡献等。在这一框架下，农业产业化龙头企业为农民提供符合劳工标准的就业机会显得非常重要。[②] 因此，为农民提供薪酬合理、体面的工作，是农业产业化龙头企业的又一社会责任。

5. 参与社会公益事业

在区域发展中，投资方面的协司效应可以让经济发展由低水平向较高的水平推进（Ciccone & Matsuyama，1996）。如果企业在一个地区，培育主导产业，同时促进当地的基础设施建设，并对地区的劳动者进行人力资本投资，那么将会激发区域的经济活力，推进优势产业集聚发展。如果把这一原理适用于农业产业化龙头企业，就是引入先进的经营理念、管理方式、物质装备和生产技术等要素，改变传统的种养模式，推动传统农业向现代农业转变，同时积极参与农村基础设施建设，兴办农村公益事业，并且致力于提高

---

① 详细参见舒尔茨著. 梁小民译. 改造传统农业. 北京：商务印书馆，2006：150-175.

② 国务院扶贫办和中国农业银行《关于积极应对金融危机 加大对扶贫龙头企业扶持力度的意见》指出，紧紧抓住初级产品加工业和劳动力密集型产业由沿海发达地区向内地欠发达地区、由东部向西部、由城市向农村转移的历史机遇，创新服务机制，加大信贷支持，促进农业企业更多、更快地向贫困地区转移。

农民素质，培养新型农民，那么就会激发农村地区经济活力，实现农村经济的蓬勃发展。在一般企业社会责任中，企业营运对社区的正面影响以及对负面影响的补偿，是重要的衡量指标。在建设社会主义新农村的进程中，龙头企业对农村社区可持续发展的贡献，是其重要的社会责任。

二、农业产业化龙头企业社会责任实践

国家在扶持农业产业化龙头企业发展时，就已经考虑到了农业产业化龙头企业的社会责任，并在国家级农业产业化龙头企业认定标准中加入相应的参考指标。根据现有的参考指标，我们结合案例，对企业履行社会责任的实践进行一个初步的总结。

（一）农业产业化龙头企业在带动农民增收中的贡献

根据统计，2009 年，894 家国家级农业产业化重点龙头企业辐射带动农户总数达 7966.8 万户，原材料采购总额达到 5520.2 亿元，平均每户被带动的农户在农业产业化龙头企业带动过程中的收益达到 6929.0 元。龙头企业还与农户建立了不同的联结方式，密切与农户的利益联结，包括合同制、合作制、股份合作制等方式。尤其是在金融危机中，农业产业化龙头企业扶持返乡农民工创业和就业，为金融危机下农村经济的稳定做出了重要贡献。

案例 1　新希望集团金融危机中带动农户养殖业增收

作为农业产业化国家级重点龙头企业，新希望集团一直致力于发展农村经济，提升农业产业发展，增加农民收入。在 2008 年金融风暴中，公司在认真搞好生产经营中按照国家鼓励政策，积极与当地政府联系，努力解决当地农民工返乡就业及创业问题。公司旗下的金堂新希望畜牧公司在成立的短短 5 个月中，就支持了数十名返乡农民工开展肉鸡养殖，已投放鸡苗达 10 多万只，存栏肉鸡 10 万只，成品鸡出栏 8 万多只。通过公司精心的技术指导和热心服务，养鸡户的饲养管理技术已经

达到较高水平，其肉鸡正品上市率达到95.06%，每只出栏肉鸡的平均利润达2.7元，回报远高于行业水平。截至2009年公司企业社会责任报告发布的时间，公司在建的返乡农民工养殖户有80多家，意向养殖户200多个，为当地返乡农民工再就业提供了一个良好的平台。

资料来源：新希望集团2009年度企业社会责任报告。

（二）农业产业化龙头企业在保证农产品质量安全中的贡献

扶持农业产业化龙头企业发展以来，农业产业化龙头企业在保证农产品质量安全中发挥了重要的作用。2009年，894家国家级农业产业重点龙头企业中已经有99.2%的企业建立了企业质量管理制度，90%的企业通过了ISO9000、HACCP等质量认证，69%的企业通过了有机食品、绿色食品或无公害农产品的认证。国家重点龙头企业用于质检、认证、检疫等与保障产品质量安全方面的支出非常多且逐年增加，2009年支出总额已经达到50.43亿元。

案例2　光明乳业提高奶源质量加强售后服务

2008年“三聚氰胺”事件对中国奶业造成了巨大冲击，上海光明乳业确立了“诚信为本，品质领先；务实经营，成长发展；品牌创新，时尚领‘鲜’”24字战术“箴言”。

为确保高质量的奶源，杜绝中间环节掺水掺假，公司不仅对收奶系统进行升级改造，同时启动新的采样计价方法，对工厂收奶系统中的设备进行改造，购入了“质量流量计”，对采样设备进行升级，装置了“自动取样阀”，杜绝各种掺杂制假的违法行为。

集团制定了工厂质量1000分审核标准并于每年进行标准的修改完善和审核，标准的建立参考了AIB国际统一标准以及食品相关法律法规的要求。标准审核范围涉及工厂除财务外的所有部门，重点关注食品安全和品质管理体系的有效运行，内容覆盖ISO9001、ISO22000体系运行、工厂GMP和设备维护、QC控制、QA工艺控制、员工管理和培训五大模块，实行全方位控制和管理。标准颁布后，工厂进行审核条款的分解落实并进行自查和改进，在工厂自我完善的基础上，由公司组成专家组对工厂进行系统的现场审核，根据审核结果对工厂管理的有效性进行排序，审核结果纳入对厂长 KPI 指标的考核。2009 年上海市场国家抽查公司产品 100%合格，顾客投诉率大幅下降。2009 年度公司顾客投诉率目标值为百万分之八，实际完成百万分之六点七，是历年最高水平。

集团十分重视产品售后服务，通过设立售后服务热线电话、定期走访市场收集客户反馈意见等形式，不断提高质量异议处理的及时性、有效性。经过多年售后服务工作经验的积累、用户满意度调查的持续展开，以及顾客满意度评价体系的建立和不断完善，集团已经形成一套较为完善的售后服务管理体系，为消费者提供了快捷、可靠、周到的售后服务。集团客服中心 2009 年 1~12 月共接听顾客来电 518919 次，其中服务质量投诉 9296 次，产品投诉 4428 次，顾客重复投诉 128 次，投诉解决率为 99.1%。

资料来源：光明乳业集团 2009 年度企业社会责任报告。

（三）农业产业化龙头企业在保护资源环境方面的实践

近年来，农业产业化龙头企业着力控制面源污染，节约农业生产资源，为农业节能减排做出了很多贡献。2009 年，“三废”排放达标的国家级农业产业化重点龙头企业已经达到 862 家，合格率达到 96.7%。很多企业通过了 ISO1400 环境管理体系认证，并花大力气进行农产品产量环境建设。还有部分企业积极发展循环经济，开展节能减排创新。

案例 3 好当家践行资源友好型发展

集团为落实科学发展观，促进可持续发展，一直努力做好环保工作，推进资源综合利用，发展循环经济，构建实现企业与自然、社会的和谐共存，持续发展。

集团水产养殖基地引用潮汐原理进行水体交换，养殖结构科学合理，投放苗种疏密有度，养殖品种全部利用水中的浮游生物及底栖硅藻等天然饵料自然生长，良好的海洋生态环境使公司实现了海珍品的绿色无公害养殖，集团成为全国水产养殖标准化示范区、山东省名优新水产养殖示范基地。

资料来源：好当家集团 2009 年度企业社会责任报告。

案例 4 山下湖珍珠集团发展循环经济

随着员工环境意识和资源节约意识不断提高，保护环境和节约资源的自觉性显著增强，环境安全基础牢固。2008 年，集团一般环境污染事故、较大环境污染事故、重大环境污染事故及特大污染事故均为零，取得了良好的环境效益、经济效益和社会效益。

2008 年，集团珍珠蚌肉提取生产线的建成标志着集团的循环经济和清洁生产工作又跨上了一个新的台阶，它不仅解决了中国“淡水珍珠之乡”——诸暨市山下湖镇因大量废弃的珍珠蚌肉而造成的污染环境的难题，而且从中提取出蚌肉多糖，可广泛应用于食品、化妆品和医药保健品领域，将其变废为宝，为企业带来了显著的经济效益，为广大农民增加了收入，对我国的珍珠行业来说具有里程碑的意义。而提取蚌肉后剩余的渣滓，经干燥粉碎后作为鱼蚌饲料，进行综合利用，既处理了废物，解决了环境污染，又为企业带来了巨大的经济效益，实现了社会效益和经济效益“双赢”的目的。

资料来源：山下湖集团 2008 年度企业社会责任报告。

（四）农业产业化龙头企业在保障员工福利方面的贡献

农业产业化创造了大量就业岗位，为农民工提供了很多符合劳工标准的就业机会。2009 年国家级农业产业化重点龙头企业为社会提供的就业岗位超过 270 万个，聘用的季节性临时工 58.09 万人，其中大部分是农民工，临时工年平均工资为 8190 元，这一数字大大高于同期农村居民人均纯收入。很多企业还充分落实以人为本的发展理念，通过多种方式，为员工个人发展提供条件。

案例 5 吉林敖东“以人为本”保障员工就业福利

公司自创立以来就把“以人为本，人本管理”的思想落到了实处，不仅为公司的持续发展奠定了坚实的基础，同时还保证员工实现自身价值。公司严格按照《劳动法》、《劳动合同法》的规定，与包括农民工在内的所有员工签订劳动合同，为员工缴纳“五险一金”，通过不断的深化改革，让每一名员工能够体面地生活、有尊严地劳动，让每一名员工都能随着公司的发展而自我发展，充分调动员工的工作积极性。

高度重视员工安全生产和劳动保护。每年定期组织员工体检，为员工创造健康、安全的工作环境。注重对员工安全教育与培训，针对不同岗位为员工配备必要的劳动保护用品及保护设施，通过树立“安全工作无小事”、“安全工作重于泰山”的思想意识和完善制度，采取“人防、物防、技防”相结合的办法保证了公司安全生产，建立了公司、车间、班组三级安保网络，与相关责任人签署“包保责任状”，从车间主任到安全员都能有职、有权、有责地发挥作用，杜绝安全隐患。

加强员工培训，提高员工的素质。公司每年都会定期对员工进行教育培训，针对不同需求、不同岗位的员工采取多层次、多主体的培训方式并采取人事部结合 GMP 管理文件，较好地完成了各个岗位员工培训工作。通过积极开展职工教育培训工作，不仅提高了员工的综合素质以及工作能力，还能促使员工牢固树立不断学习、终身学习的理念。

组织员工开展多项活动，丰富企业文化。公司组织 11 家控股子公司参加篮、排球邀请赛，参加比赛的共有 46 支球队，参赛人数达 423 人次。还组织了军训、长跑等户外拓展训练，在员工体能得到锻炼强化的同时，也增强了员工的团结协作、拼搏进取精神。2009 年，公司主办了“敖东情·庆国庆 60 周年文艺晚会”，整台晚会均由敖东员工自编、自导、自演，为每名员工提供了登台展示自我的机会，极大地增强了员工的爱国心、向心力和凝聚力。

资料来源：吉林敖东集团 2009 年度企业社会责任报告。

（五）农业产业化龙头企业在农村社区建设方面的努力

近年来，很多农业产业化龙头企业以发展现代农业为契机，积极投身于新农村建设，通过产业带动、村企联动、投资推动、科技驱动、服务拉动、外向牵动等多种形式，实现强村富民、村企“共赢”，为农村经济社会又好又快发展做出了贡献。尤其是，近年来，农业气象灾害频发，很多农业产业化龙头企业积极参与救灾重建，恢复生产，成为生产救灾的一支重要带动力量。

案例 6　中粮（烟台）公司将农业产业化与新农村建设有机结合

中粮（烟台）公司在烟台蓬莱开展了农业产业化基地建设，并成立了烟台南王山谷投资公司。进一步，烟台南王山谷投资公司联合烟台当地 3 个镇 13 个村集体和 1980 户农民组成烟台南王山谷葡萄生产合作社（简称合作社），按照“公司＋合作社＋农户”的一体化经营模式，集中建设 1.46 万亩标准葡萄种植区，成为中粮长城高端葡萄酒的原料供应基地。

2006 年合作社向蓬莱市政府申请了《关于村企互动实施旧村改造的方案》，由中粮烟台南王山谷投资公司出资，合作社成员村出宅基地，政府给政策，以企业反哺农业、村企互动的形式，对南王山谷合作社的农村实施联合整合，将分散的旧村整体搬迁到南王山谷农民新村。公司对旧村进行整合搬迁，统一搬迁新建社区。新建社区定位为“世界七大葡萄酒海岸观光旅游社区”，以布局合理、设施配套、环境整洁、村貌幽美为标准，规划建设了农民新村，同时配套超市、学校、医院、农具修配厂、文化娱乐场所等设施，农民按照 1：1 的比例，以旧居换住宅楼。目前，18 个村 1800 多户农民分三批陆续迁入新村。新村占宅基地 70 亩，旧村可腾出宅基地 365 亩，可节约土地 295 亩。新村建设工程投资 7000 万元，按评估旧村房屋价值计算，可为农民房屋增值 3440 万元。

为解决农民带地入社的后顾之忧，合作社还制定了对社员实行优惠待遇的政策，对社员带地入社后，其家庭所承包村集体的土地人均面积不足0.3亩的，家庭成员可全部转为合作社社员，享受养老待遇，凡男年满65周岁、女年满60周岁，每人每年由合作社发给1200元养老金。享受农村合作医疗待遇，费用全部由合作社承担。合作社还设立奖学金，对社员子女升学予以奖励，对高中、职业中专在校生每年奖励1000元，对大学在校生每年奖励5000元。同时还享受招工优先的待遇，公司在招收、招聘职工和工作人员时，优先录用符合条件的本社社员。

资料来源：笔者根据相关报道整理。

案例7　桂林莱茵生物科技股份有限公司协助农村地区生产自救

公司在努力发展自身经济的同时，在力所能及的范围内，积极参加所在地区的科教卫生、社区建设、捐资助学、扶贫济困等社会公益活动，促进公司所在地区的发展。在2008年雪灾期间，工厂及罗汉果种植基地所在的桂林兴安县受灾严重。公司密切关注基地受灾情况并及时制定救灾办法。在抓紧工厂自救的同时，抽派专人深入基地农户，指导农户生产自救，并提供物资及技术支持，以引领基地农户在大灾之年能够保持增收。

资料来源：桂林莱茵公司2009年度企业社会责任报告。

三、农业产业化龙头企业社会责任披露意识

李立清（2006）根据劳工权益、人权保障、社会责任管理、商业道德和社会公益行为五大要素设计了中国企业社会责任评估指标体系，并对湖南省313家规模以上企业进行问卷调查和实地复查，其结果发现农产品加工企业社会责任得分为81.78，是所有行业中最高的。但是，《WTO经济导刊》企业社会责任发展中心监测数据显示，2009年前10个月，全国541家各类企业或组织发布的社会责任报告中，农、林、牧、渔业企业仅占1.7%（殷格非、李伟阳主编：41~42）。诚然，其中可能有地区差异因素，然而这种农业企业社会责任实践的矛盾起码揭示了这样一个事实：尽管社会责任方面做了一些

工作，但是农业企业社会责任披露意识不强。

为了更好地反映农业产业化龙头企业社会责任，我们对在上海证券交易所和深圳证券交易所上市的国家级农业产业化龙头企业的社会责任报告披露情况进行了研究。我们选取的样本包括 2007~2009 年既是沪深两市上市公司，又是国家级农业产业化龙头企业的企业。样本尽管不具备随机性，但是具备典型性。根据 2007~2009 年国家级农业产业化龙头企业监测反映的情况，我们统计后发现，有 78 家上市公司，其中有 16 家在海外上市，62 家在沪深两市上市，其中 2 家公司是母公司为上市企业。我们的研究样本包括 60 家在沪深两市上市的国家级农业产业化龙头企业，在 2007~2009 年中发布企业社会责任报告的情况。

（一）农业产业化龙头企业社会责任报告披露情况

就农业产业化龙头企业社会责任报告的披露情况而言，农业产业化龙头企业社会责任意识不强。表 6.1 展示了 2007~2009 年沪深两市上市的农业产业化龙头企业社会责任报告发布情况。

表 6.1　2007~2009 年沪深两市上市农业产业化龙头企业社会责任报告发布情况

	2007 年		2008 年		2009 年	
	数量（家）	比例（%）	数量（家）	比例（%）	数量（家）	比例（%）
是否发布社会责任报告	2	3.39	16	26.67	16	26.67
带动农民增收	1	1.69	9	15.00	6	10.00
保证农产品质量安全	1	1.69	15	25.00	13	21.67
保护资源和环境	2	3.39	16	26.67	14	23.33
保障企业员工福利	0	0	5	8.33	3	5.00
参与社会公益事业	0	0	4	6.67	3	5.00

资料来源：根据 2007~2009 年在上海证券交易所和深圳证券交易所上市的农业产业化龙头企业年度社会责任报告整理。

2007 年，只有两家农业产业化龙头企业发布社会责任报告。在这 2 家农业产业化龙头企业中，能够意识到农业产业化龙头企业“带动农民增收”社会责任的企业仅有 1 家，能够意识到“保证农产品质量安全”社会责任的龙头企业还是只有 1 家。2 家农业产业化龙头企业都能意识到“保护资源和环境”是龙头企业的社会责任。没有一家龙头企业意识到“保障劳工福利”和

"参与社会公益事业"是重要的社会责任。

2008 年是农业产业化龙头企业社会责任意识提高的一年。一方面，农业部危朝安副部长在 2007 年底农业产业化国家重点龙头企业负责人培训班上做了重要讲话，强调"农业产业化龙头企业负有更重大的社会责任"；另一方面，2008 年底，深圳证券交易所明确要求纳入"深证 100 指数"的上市公司按照《上市公司社会责任指引》的规定披露社会责任报告。与此同时，上海证券交易所也发出了《关于做好上市公司 2008 年履行社会责任的报告及内部控制自我评估报告披露工作的通知》。这一年，沪深两市发布社会责任报告的农业产业化龙头企业数量达到 16 家。在这 16 家农业产业化龙头企业中，能够意识到农业产业化龙头企业"带动农民增收"社会责任的企业有 9 家，能够意识到"保证农产品稳定供给"社会责任的龙头企业有 1 家，能够意识到"保证农产品质量安全"社会责任的龙头企业有 15 家，16 家龙头企业都能意识到"保护资源和环境"是龙头企业的社会责任，有 5 家企业意识到"保障劳工福利"是重要的社会责任，意识到"参与社会公益事业"的龙头企业数量达到 4 家。

2009 年，农业产业化龙头企业社会责任意识有所淡化。其中的主要原因可能是缺乏相应的制度约束，有关上市公司发布企业社会责任报告的规定以鼓励为主，没有强制性的要求。沪深两市发布社会责任报告的农业产业化龙头企业数量仍然是 16 家。在这 16 家农业产业化龙头企业中，能够意识到农业产业化龙头企业"带动农民增收"社会责任的企业有 6 家，能够意识到"保证农产品稳定供给"社会责任的龙头企业有 1 家，能够意识到"保证农产品质量安全"社会责任的龙头企业有 13 家，有 14 家龙头企业能意识到"保护资源和环境"是龙头企业的社会责任，有 3 家企业意识到"保障劳工福利"是重要的社会责任，意识到"参与社会公益事业"的龙头企业数量为 3 家。

（二）农业产业化龙头企业社会责任披露意识不强的影响因素数理分析

造成农业产业化龙头企业社会责任意识不强的原因，除了上面提到的缺乏硬性制度约束之外，农业以及农业产业领域内各行业的性质也是农业产业化龙头企业社会责任意识不强的内生性原因。

参考 Dorfman 和 Steiner（1954）对企业广告选择的模型，我们考虑一个垄断企业的社会责任意识问题。假设企业面临的需求是价格和社会责任（CSR）的函数。令 q（p，CSR，a）表示需求函数，其中 q 为产量，p 为价格，CSR 为企业履行社会责任的成本，a 为企业支出的其他树立企业形象和进行营销活动的花费。我们假设：

（1）$\partial q/\partial p<0$，$\partial q/\partial CSR>0$。首先，企业产品的需求量与价格成反比，这是一般的经济学规律。其次，企业披露社会责任报告，会起到一种与说服性广告相似的作用，可以改变消费者的口味，提高消费者对发布社会责任报告的企业产品的品牌忠诚度，从而提高企业的垄断地位，在其产品价格不变的情况下，能够增加企业的销售量。①

再次，企业增加其他营销支出也会增加企业产品的需求量。

（2）$TC=C(q(p, CSR, a))+CSR+a$。其中，TC 为企业总成本。即企业的生产成本、履行社会责任的成本和其他营销成本是可加分离的，且 CSR 与 a 相互独立。

于是，我们模型中农业产业化龙头企业的利润为：

$$\pi=pq(p, CSR, a)-C(q(p, CSR, a))-CSR-a$$

对 p 和 CSR 分别求最大化一阶条件，得到：

$$\frac{p-C'}{p}=-\frac{q}{p}\frac{\partial p}{\partial q}$$

$$\frac{p-C'}{p}=\frac{1}{p}\frac{\partial CSR}{\partial q}$$

$$\frac{p-C'}{p}=\frac{1}{p}\frac{\partial a}{\partial q}$$

其中，C′为生产成本对产量 q 的偏导数。

因为，企业产品的需求弹性为 $E=-\frac{q}{p}\frac{\partial p}{\partial q}$，企业社会责任的需求弹性为

① 食品安全重大事件的发生，为这一假设提供了可供参考的经验证据。在食品安全事件发生时，符合食品安全标准的企业所生产的产品，更能够得到消费者的信赖，从而其需求量会增加。可以参考 2008 年我国牛奶产业“三氯氰胺事件”所造成的社会影响。某些没有检出三氯氰胺超标的品牌牛奶销量增加，而检出三氯氰胺超标的企业，其牛奶制品，包括未超标的牛奶制品，销售量大大减少，甚至到了在市场货架上无人问津的程度。

$E_{CSR}=\frac{CSR}{q}\frac{\partial q}{\partial CSR}$，进而我们可以得到：

$$\frac{CSR}{pq}=\frac{E_{CSR}}{E}$$

于是，我们得到了一个非常重要的结论：

企业社会责任支出占销售收入的比例随着社会责任需求弹性的增加而增加，随着产品需求弹性的增加而减小。

我们对这个结论解释如下：

如果一个企业履行了社会责任，并且被企业产品的消费者观察到了，那么该企业的产品就会受到消费者的青睐（Baron，2008；Lundgren，2010）。Baron（2008）将此称为一种消费者奖励（rewards）。进而这种消费者奖励，会形成一种消费者对企业社会责任的需求。这种需求弹性越大，也就意味着披露社会责任报告对消费者的说服效果越大，企业越愿意在社会责任方面付出努力，越愿意披露社会责任报告。此外，如果企业产品的需求价格弹性越大，消费者的需求量对价格的敏感度越低，企业越不愿意履行社会责任，也就越不愿意发布企业社会责任报告让公众知晓。也就是说，在企业产品需求对价格的弹性无限大的情况下，企业是市场价格的接受者，在这种情况下，不需要进行企业社会责任的履行和信息披露，把自己的产品和其他产品区分开来，从而赢得消费者的奖励。相反地，如果企业产品价格需求弹性较小，企业对市场价格有一定的影响，从而更需要用社会责任来提高企业自身的形象，将自己的产品同其他企业的产品区分开来，赢得消费者的奖励。影响企业产品价格需求弹性的因素有很多，根据企业产品价格需求弹性的因素，我们可以对农业产业化龙头企业履行社会责任的动力进行解释。

影响价格需求弹性的因素有多种，其中，相近替代品的可获得性是一个很重要的因素。针对农业产业化龙头企业所处的市场，我们可以发现其所处市场的重要特征，即处于一个竞争性较强的市场环境中。[①] 从第二章对农业产业化龙头企业所处行业的产业集中度（CR4）的指标来看，这些行业的产业集中度是较低的。从而在农业产业化龙头企业所处的市场上，产品价格需求

① 实际上，农产品市场经常被作为一个完全竞争市场的近似市场来看待。农业产业化龙头企业所销售的产品多是农产品加工品，其市场结构虽然不是完全竞争的，但是单个企业的市场势力也比较小。

弹性较高。于是我们得到一个非常重要的推论：

农业产业化龙头企业所处的市场竞争性较强，决定了其社会责任披露意识不强。

用产品价格需求弹性的影响因素，我们也可以分析 2009 年农业产业化龙头企业社会责任意识有所淡化的原因。一般而言，时间越长，消费者越能够找到产品的可替代物品，这样农业产业化龙头企业的产品价格需求弹性就会增加。于是，随着时间的推移，如果没有硬性制度约束农业产业化龙头企业履行社会责任，它们就会减少履行社会责任的支出。

从上述数理分析中，我们可以得出这样一个可供验证的假说：

企业市场势力越大，或者说企业竞争能力越强，企业社会责任意识越强。

为此，下面我们将构建经验模型，对企业社会责任意识的决定因素进行检验。

（三）农业产业化龙头企业社会责任意识的影响因素分析

1. 实证模型

根据上面的讨论，企业在社会责任方面的付出受企业自身的市场势力和市场环境的影响，而企业发布社会责任报告将自己在社会责任方面的努力向社会公开，从而会获得市场的认可，也就是获得一定的潜在收益。于是，我们构造的计量经济学模型可以通过下面的推导得出：

假设企业 i 在不发布企业社会责任报告的时候，其收益为：

$R_a^* = x_a' \beta + \varepsilon_a$

其中，R_a^* 为不发布社会责任报告的收益，x_a' 包括企业市场势力等一些影响企业收益的变量，ε_a 为随机扰动项。

如果企业 i 发布了企业社会责任报告，其收益为：

$R_b^* = x_b' \gamma + \varepsilon_b$

其中，R_b^* 为不发布社会责任报告的收益，x_b' 包括发布社会责任报告后，企业获得新的市场势力等一些影响企业收益的变量，ε_b 为随机扰动项。

发布社会责任报告，履行社会责任，还要承担与企业和市场有关的成本 C^*。

$C^* = z'\alpha + u$

如果发布社会责任报告与否的收益差异 $R_b^*-R_a^*$ 大于发布社会责任报告的成本 C^*，那么企业 i 就会发布企业社会责任报告。发布企业社会责任报告的净收益为：

$$S^*=R_b^*-R_a^*-C^*=x_b'\gamma-x_a'\beta-z'\alpha+(\varepsilon_b-\varepsilon_a-u)=m'\delta+\varepsilon$$

从而，企业发布社会责任报告的决定因素就是企业市场势力的变化和企业环境的变化。由于 S^* 是难以观察和测度的，但是企业发布不发布社会责任报告是可以观察到的，用数学表示就是当 $S=1$ 或者 $S=0$ 时才是可以观察到的。如果随机干扰项 ε 服从正态分布，则我们得到用于实证研究的经验模型。

$S^*=m'\delta+\varepsilon$，其中

$S=1$，$S^*>0$

$S=0$，$S^*\leqslant 0$

2. 数据来源和变量说明

我们用于计量检验的样本包括 2007~2009 年沪深两市上市的农业产业化龙头企业。企业发布社会责任的情况来源于上市公司年度报告，企业的财务指标来源于农业部农业产业化办公室组织的农业产业化龙头企业年度监测数据库。

我们的因变量选取该年度企业是否发布社会责任报告。根据因变量的特点，Logit 二元选择模型是比较适合的计量经济学模型。由于每一个年度企业社会责任报告发布的时间都在次年的第二季度，[①] 我们可以说，因变量是上一年度一些财务指标的作用结果。于是，模型的内生性暂时可以不去考虑。

在充分考虑数据可得性的情况下，我们的自变量选取：

（1）企业上市的证券市场，这一自变量用于区分企业上市的市场制度。

（2）企业销售额，这一指标作为衡量企业规模的控制变量。

（3）企业的市场竞争力指标，由于企业的市场势力指标很难得到，关于企业市场份额的指标也无法得到，我们暂时选取企业的成本利润率、企业出口额与企业销售额的比率来表示。企业的广告投入作为企业为提高自身竞争能力的努力，可以在一定程度上衡量企业的竞争能力，也被纳入了我们的自变量。

---

① 一般与企业年度报告同时发布。

（4）上市公司的特有指标，企业资本市场融资额。

我们模型中变量的描述性统计见表 6.2。

表 6.2 计量经济学模型中所包括变量的描述性统计

		（1）	（2）	（3）
发布社会责任报告	发布则取 1；不发布则取 0	0.03 (0.25)	0.27 (0.47)	0.27 (0.46)
上市的证券市场	在深市上市则取 1；否则取 0	0.52 (0.50)	0.52 (0.50)	0.52 (0.50)
企业销售额	单位：万元	311040.59 (549998.47)	366831.04 (731312.83)	376691.82 (763622.58)
企业成本利润率	单位：%	14.48 (15.77)	14.48 (16.27)	13.38 (15.36)
企业出口额占销售额的比例	单位：%	1.84 (3.83)	2.01 (4.02)	1.56 (3.30)
企业广告支出	单位：万元	4745.51 (15364.11)	6186.79 (23004.77)	5743.41 (19441.34)
企业上市融资额	单位：万元	45845.38 (32798.83)	44550.79 (32770.17)	44487.24 (32842.39)

资料来源：笔者根据数据库统计得出。

由于数量级的关系，我们对其中的销售额、企业广告支出以及上市融资额进行了取对数处理。所有百分比型的变量，我们都去掉了百分号。例如，企业出口额占销售额的比例为 1.84%，我们在计量经济模型中，直接取值为 1.84。企业上市的证券市场当作虚拟变量处理。

3. 实证结论

正如上面所强调的那样，我们的自变量指标为企业上一年度的各种财务指标，而因变量是这一年度是否发布企业社会责任报告。举例来说，某企业 2010 年 4 月发布了 2009 年度企业社会责任报告，而该企业的各项财务指标是 2009 年的，所以企业的 2009 年财务指标是“因”，2010 年 4 月发布的 2009 年度企业社会责任报告是“果”。从这个意义上来说，我们设定的计量经济学模型中，产生内生性问题的可能性大大减小。

表 6.3 中第二列为面板数据分析的结果，需要特别说明的是面板数据的逻辑斯蒂模型只能建立随机效应模型。表 6.3 的第三列为针对 2007 年数据进行逻辑斯蒂回归的估计结果，第四列为针对 2008 年数据进行逻辑斯蒂回归的估计结果，第五列为针对 2009 年数据进行逻辑斯蒂回归的估计结果。

第三列到第五列的最后一行展示了针对不同年度的数据进行估计的模型的拟 R 平方,[①] 这提供了一个并不是很准确的可决系数。虽然并不是非常准确，但是我们可以对模型的解释力度进行一定的描述。2007 年拟 R 平方达到了 0.5640，也就是说，模型解释了 56.40%的因变量变化；2008 年拟 R 平方达到了 0.2397，也就是说，模型解释了 23.97%的因变量变化；2009 年拟 R 平方达到了 0.2097，也就是说，模型解释了 20.97%的因变量变化。在微观计量经济学模型中，这种程度的可决系数是可以接受的。况且，我们的目的只是对企业发布社会责任报告的影响因素进行分析，而不是试图找出企业发布社会责任报告的所有因素。

我们使用 Stata10.0 软件对模型进行估计，估计的结果见表 6.3。

表 6.3 计量结果

	面板数据	2007 年	2008 年	2009 年
上市的证券市场	1.111（0.860）	—	0.756（0.742）	0.0529（0.715）
Log（企业销售额）	1.208***（0.383）	3.114（2.599）	0.980***（0.360）	1.084***（0.368）
企业成本利润率	0.0453*（0.0245）	0.0505（0.112）	0.0272（0.0213）	0.0534**（0.0250）
企业出口额占销售额的比例	0.166*（0.103）	−0.328（0.614）	0.173**（0.0821）	0.202*（0.106）
Log（企业广告支出）	0.0290（0.123）	−0.222（0.474）	0.0991（0.109）	−0.0715（0.115）
Log（企业上市融资额）	−1.190**（0.581）	−4.825（4.212）	−1.002*（0.607）	−0.706（0.480）
常数	−5.868（6.105）	9.767（15.58）	−3.658（5.702）	−7.322（5.786）
对数似然比	−67.13	−5.14	−26.44	−26.48
拟 R 平方		0.5640	0.2397	0.2097

注：括号内为标准误差，其中，*p<0.10，**p<0.05，***p<0.01。

根据表 6.3 第二列到第五列展示的结果，几个模型中，企业销售额的对数对企业发布社会责任报告的影响为正。除了 2007 年以外，系数的 Wald 检验都在 99%的统计学水平上显著。这说明，企业的规模越大，企业发布社会责任报告的可能性越高。

企业的成本利润率对企业发布社会责任报告的影响也是正向的。在面板数据随机效应模型和针对 2009 年的横截面模型中，系数的 Wald 检验分别达到 90%和 95%的统计学显著性水平。这说明，成本利润率越高，企业发布社

① Stata10.0 提供的拟 R 平方为 Mcfadden 拟 R 平方值。

会责任报告的可能性越高。企业的成本利润率越高，可以在一定意义上说明企业的市场竞争力较强，正如我们在前面所论述的那样，企业的市场竞争力越强，其市场势力可能越大，于是它更有动力发布企业社会责任报告。

企业出口额占销售额的比例对企业发布社会责任报告的影响也是正向的。在面板数据随机效应模型、针对 2008 年和 2009 年的横截面模型中，系数的 Wald 检验分别达到 90%、95%和 90%的统计学显著性水平。这说明，企业出口额占销售额的比例越高，企业发布社会责任报告的可能性越高。这可以在一定意义上说明企业的市场竞争力较强，该企业更有动力发布企业社会责任报告。另外，出口市场国家的一些法律，也对企业发布社会责任报告并履行社会责任产生了一定的压力。例如，中国的一些企业向发达国家出口商品时，这些发达国家的进口商要求这些企业必须通过 HACCP、ISO22000,[①] 甚至专门针对企业社会责任的 SA8000 认证。于是，企业出口市场越重要，其发布社会责任报告的压力越大。

企业广告支出的对数对企业发布社会责任报告的影响统计学显著性水平不高。尽管系数检验的统计学意义并不显著，但对我们仍然有一定的研究价值。一方面，广告支出可以视为企业为提高自身产品与其他产品差异的手段，企业通过广告可以提高自身产品的需求弹性，从而增强市场势力，于是会增加企业发布社会责任报告的动力。另一方面，在增加企业声誉的策略中，广告是企业社会责任的一种替代策略，于是在这个意义上，企业发布社会责任报告的动力有可能减少。

根据对计量经济学模型的估计和我们前面的分析，我们提出的可验证的假说得到了验证。

根据表 6.3 的估计结果，企业上市融资额的对数对企业发布社会责任报告会产生负面的影响，并且其系数 Wald 检验的显著性水平较高。企业在哪一个债券市场上市对企业发布社会责任报告也没有统计学意义上的显著性影响。这两个不显著的变量引发的问题是十分非常有意思的，值得进一步研究。

① 注意，不是 ISO 国际标准的 2000 版本（ISO2000），而是针对食品安全的 ISO22000：2005 食品安全管理体系。

4. 实证研究结果的政策含义

企业的社会责任报告发布与否是企业社会责任意识的直接体现。虽然不能说企业不发布社会责任报告就没有履行社会责任，但是作为上市公司，既然有相关制度鼓励发布社会责任报告，如果企业不发布，就可以在一定程度上说企业的社会责任披露意识不强。

根据我们的实证研究结果，起码我们可以在两个方面施加外生性的影响。首先，对龙头企业的扶持政策需要继续进行下去，提高企业的成本利润率，进而提高企业的盈利能力和市场竞争能力，企业发布社会责任报告的披露意识会得到增强。其次，对在市场上销售的农产品提出其生产加工企业社会责任的要求，例如进入市场的农产品必须通过严格的质量标准认证，从而增强企业的社会责任披露意识。

根据我们的实证研究结果，我们不应当采取干涉的态度。企业出口可以促进企业增强社会责任意识，当国外采购者对中国农业产业化龙头企业提出较高的社会责任标准的时候，应当在争取国内企业缓冲期的情况下，组织国内企业积极提高自身履行企业社会责任的能力，而不是采取抵制的态度。

增强农业产业化龙头企业社会责任意识的工作是一项持久性工程。计量结果也为我们工作的起点提供了依据。规模比较大的农业产业化龙头企业更倾向于发布企业社会责任报告，所以，大型骨干龙头企业可以作为推行社会责任报告发布制度的试点。

四、总结和政策建议

（一）研究成果总结

1. 农业产业化龙头企业的社会责任

除了与其他企业一样履行一般的社会责任外，农业产业化龙头企业还要履行六大特殊社会责任，包括带动农民种养业增收、保证农产品质量安全、保护资源环境、保障劳工福利与社会公益事业。这六大社会责任既是对一般企业社会责任的深化，又是对农业产业化龙头企业社会责任的特殊化；其中既包含了企业传统社会责任的内涵，又具有鲜明的时代特色。

2. 农业产业化龙头企业社会责任实践

由于国家农业产业化龙头企业在认定标准方面进行了科学合理的制度设计，一些农业产业化龙头企业在社会责任方面进行了很多有意义的实践。通过带动农民种养业增收、保证农产品质量安全、保护资源环境、保障员工福利、参与社会公益事业。履行了很多企业社会责任。

3. 农业产业化龙头企业社会责任披露意识

我们的数理经济学分析表明：企业在履行社会责任方面付出的努力，随着社会责任需求弹性的增加而增加，随着产品价格需求弹性的增加而减小。目前，中国农业产业化龙头企业社会责任披露意识不强。造成龙头企业社会责任披露意识不强的原因主要是：制度环境缺乏硬性约束、农业产业化龙头企业所处的市场结构的特殊性，决定了农业产业化龙头企业面临着一个竞争性很强的市场。我们的实证研究结果还表明：市场制度建设可以增加履行社会责任的压力，为增强农业产业化龙头企业意识提供外部环境。加大对农业产业化龙头企业的扶植力度，可以增强龙头企业竞争力，为增强农业产业化龙头企业意识增加内在动力。此外，外向型企业社会责任披露意识较强、规模比较大的农业产业化龙头企业也更倾向于发布企业社会责任报告。在大型农业产业化龙头企业和外向型农业产业化龙头企业中推行社会责任报告发布制度，可以作为我们推动企业社会责任报告披露制度的起点。

（二）政策建议

根据我们的研究成果，我们提出如下政策建议：

（1）加强社会责任方面的制度建设，扩大强制发布企业社会责任报告的范围，工作的起点可以从大型骨干龙头企业和外向型龙头企业开始。

（2）继续加大对农业产业化龙头企业的扶持力度，增强农业产业化龙头企业的市场竞争力，促使农业产业化龙头企业自发地履行社会责任。

（3）农业产业化负责部门应主导建立农业产业化龙头企业社会责任标准，为推动农业产业化龙头企业履行社会责任提供可供参考的标准。

（4）外向型的农业产业化龙头企业在其产品出口遭遇外国社会责任标准

提高负面影响的时候，应当在争取国内企业缓冲期的情况下，组织国内企业积极提高自身履行企业社会责任的能力。

（5）加强对公众舆论的引导，增强信息透明度，强化企业社会责任信息披露机制，促进消费者“用脚投票”，为农业产业化龙头企业履行社会责任提供来自市场的动力。

附录 1　关于湖北省农业产业化示范区的调研报告

2009 年 11 月 22 日至 27 日，我们到湖北武汉黄陂区、襄樊市老河口市和荆门市钟祥市等进行了调研。调研发现，湖北省实施 9 大农业产业化示范园区建设，加快了龙头企业的集聚发展，形成了一批主导产业突出、特色鲜明、产业链条完善的农业产业化集聚区，加快了现代农业的建设，也促进了当地区域经济的发展，把农业现代化和工业化、城镇化有机统一起来。湖北省这种做法是农业产业化机制创新的积极探索，对于下一步推进农业产业化经营具有重要的借鉴意义。

一、湖北省农业产业化集聚发展成效

近年来，随着东部地区向中西部地区产业梯度转移力度的加大，湖北省作为中部地区重要的承接地区，农业产业化经营特别是龙头企业呈现快速发展的势头。湖北省因势利导，积极推动龙头企业向园区集中，并把园区建设和原料配套基地建设统筹考虑，实施了 9 大农业产业化示范园建设，加快湖北省农业产业化集聚区的发展，推动了现代农业建设，促进了当地县域经济的发展，实现了农业现代化与当地工业化、城镇化的有机统一。

一是龙头企业集群初具规模。湖北省的 9 个产业化示范区，基本形成了以一个或者数个大型龙头企业为骨干，以几十家中小型龙头企业为基础的企业集群。如武汉市黄陂区的农业产业化示范区，集聚了精武鸭业公司、新辰食品公司、华发羽绒公司、中旺食品公司、惠而康公司等数十个国家和省级龙头企业和一批中小型龙头企业，整个示范区龙头企业数量达到78家，年实现销售收入接近18亿元。襄樊区老河口市的农业产业化示范区，则聚集了奥星粮油、安瑞典分、梨花湖面条、金薯食品等规模以上龙头企业55个，年加工产值近40亿元，其中，省级龙头企业5家。在钟祥市农业产业化示范区，有省级重点龙头企业6家，市级重点龙头企业18家，2008年农产品加工业产值45亿元。在宜昌市夷陵区农业产业化示范区，形成了以茶叶为主业的农业产业化龙头企业集群，2009年加工业产值突破30亿元。

二是规模化、标准化和集约化的原料基地逐步形成。湖北省把原料基地作为产业化示范区的重要内容，集中连片，改善基础设施条件，推广新品种新技术，为园区内的龙头企业提供优质的原料。如在武汉黄陂示范区，将周边240平方公里的区域内进行连片开发，规划了标准化畜禽养殖示范基地、标准化的水产养殖示范基地和高效种植业基地、设施农业种植示范区，建设10万亩蔬菜种植基地、10万亩水产养殖基地、10万亩茶叶葛根基地，形成一园六区的发展格局，带动了周边3个乡镇现代农业的发展。钟祥市农业产业化示范区则依托园区内的龙头企业打造六大农产品原料基地板块，包括以中粮祥瑞公司为依托的100万亩优质油料基地、以新美香公司为依托的20万亩优质蔬菜基地、以雨润食品公司和鼎盛源公司为依托的万头牛和百万头猪养殖基地、以汇源果汁公司为依托的20万亩优质水果基地、以金林木业公司为依托的10万亩用材林基地和以维新、金福祥公司为依托的20万亩优质棉花产业基地。老河口市农业产业化示范区依托奥星粮油公司规划建设了10万亩的双低油菜籽，依托华松科技公司建设了5万亩的优质辣椒基地。

三是构建了初加工、精深加工以及物流相配套的产业链条。各产业化示范区依托当地的特色资源，大力发展精深加工和相关配套服务业，形成了系列化的产业体系。如在黄陂农业产业化示范园区，精武公司负责鸭肉产品的开发，华发羽绒公司则专门对鸭绒进行精深的开发，天种畜牧公司则重点负责优良品种的培育。黄陂区还在示范区内建立了物流园区，大力发展仓储、运输和批发等物流产业，与农产品的生产、加工相配套，特别是总投资60亿元的四季美农贸城的建设，将形成全国最具规模的大市场、大物流。在老河口农业产业化示范区，梨花湖食品公司、茂盛面业和莲花井米业对当地小麦和水稻进行加工转化，劲旺油脂则以米糠油为主打产品，对米糠、米皮二次开发，提取米糠油、硬脂酸、油酸、油蜡等后续产品，把农产品“吃干榨净”。在油菜籽领域，奥星粮油公司对菜籽油进行加工精炼，回天油脂公司则对油菜籽饼进行深加工，形成了一个系列化的产业链。

四是农业产业化示范区成为当地经济的增长极。农业产业化示范区的发展，“连一带二接三”，不仅带动了现代农业的发展，也加快了示范区所在地第二产业和第三产业的发展，促进县域经济的发展，带动当地的就业和人口的集中，推进了当地的工业化和城镇化进程。如黄陂区农业产业化示范区，直接带动就业5200多人，间接带动就业超过万人，2009年1~9月全市农产品加工业产值同比增长40%以上，成为带动该区经济发展的重要引擎。在老河口市，农业产业化示范区建设吸纳农村劳动力7000多人，2009年产值接近50亿元。钟祥市农业产业化示范区2009年完成工业增加值10.25亿元，占该市规模以上工业的比重可达到41%，成为该市经济增长的主要来源。

二、湖北省推动产业化示范区建设的主要做法

在农业产业化示范区建设中，湖北省省委、省政府对农业产业化示范区建设非常重视，省委书记罗清泉提出了四个一批：发展一批龙头企业，创出一批品牌，建设一批基地，同时专门安排1亿元资金。在加强领导、加大投入的同时，湖北省注重体制和机制创新，推动资源优化配置和要素整合，推动产业链各环节协作配套，加快产业化龙头企业的集群发展和产业集聚。

(1) 科学规划，构建加工核心区、原料配套区和辐射区相配套的产业化示范区。与原有的农产品加工业园区不同，湖北省农业产业化示范区更多强调农产品加工和周边农业生产基地之间的相互配套，构建从原料生产、加工和物流的完整产业链条。武汉市黄陂区农业产业化示范园区包括了240平方公里的范围，既有农产品加工园区，也有标准化种植基地、标准化养殖示范基地和标准化水产基地和新技术、新品种的展示区，同时也规划建设了以四季美农贸城为主体的农产品物流园区。老河口产业化示范区则把全市的农业用地纳入示范区，在全市范围形成农业基地生产与龙头企业相配套的格局。

（2）建立示范区管委会，形成管委会与乡村组织、农业部门相互协作的组织机制。如何更好地推动农业基地、加工园区、物流园区相互配套，是示范区建设中所面临的主要问题，也是示范区内资源优化配置和要素整合的关键所在。湖北省农业产业化示范区在建设中注重机制创新，通过管委会与乡镇政府、农业部门等进行沟通和协作，促进示范区内龙头企业和原料基地的衔接配套。黄陂区农业产业化示范区区管委会作为区政府的派出机构，与示范区内的乡镇政府建立了联席会议制度，对示范区内的农业发展布局进行统一规划，建立与龙头企业发展相适应的原料基地。在老河口市农业产业化示范区，示范区管委会积极与当地农业部门合作，加大对农民的培训，推进原料基地建设。如当地农业部门针对示范区园区奥星粮油公司发展的要求，积极支持发展油菜籽基地建设，利用农业厅的200万元资金和本级的38万元资金，购买油菜籽种子，免费推广双低油菜籽，农业部门的土肥站、种子站，主动对奥星粮油公司进行跟踪服务，帮助企业搞有机防治，农机服务队则落实“不落地”工程，保证企业需要的油菜籽质量。

（3）发展中介组织，提高示范区农业生产组织化程度。大力推动合作社、农民专业协会等中介组织的作用，密切龙头企业与基地农户连接是湖北省农业产业化示范区的一个重要特点。如老河口市依托该市的主导产业，建立了合作社、专业协会、产业协会等不同类型的中介组织52个，入社社员1.6万户，覆盖了全市80%的耕地。这些中介组织引导农户开展生产、提升技术水平，并与示范区内的龙头企业进行对接。拥有562户社员的春雨果品专业合作社，每年销售果品2000多吨。合作社积极与仙仙果品公司进行对接，为公司提供加工用果品。黄陂区、钟祥市农业产业化示范区也都大力发展农民专业合作社等中介服务组织，发展“公司＋合作社＋基地＋农户”的产业化组织模式。

（4）引入科研院所，构建示范区的技术创新服务平台。加快新品种、新技术的推广，利用优质原料发展精深加工，开发新产品，是提升农业产业化集群竞争力的关键。湖北省在农业产业化示范区建设中，积极与科研院所合作，推动农业生产技术水平的提高和精深加工的发展，延长产业链条。如老河口产业化示范区，由政府出资，引入华中科技大学、武汉大学以及中国农科院油料所，推动示范区内的产业化龙头企业设立研发中心，进行技术创新。如奥星粮油公司创新了菜籽油压榨技术，实行低温冷榨，既保留了传统压榨菜籽油的香味，又去掉了传统压榨菜籽油油烟大、气味不好的缺点。华松科技公司则与多家科研院所合作开发辣椒提取物的生产工艺，从辣椒中提取辣椒红色素、辣椒碱和辣椒油树脂，把小辣椒变成大产业。其中，辣椒碱具有极高的药用价值和经济价值，在国际市场上有“软黄金”之称。每个产业老河口的农产品加工业特色明显：紧紧依靠科技，提高资源利用率。

（5）实施三级共建，完善政策扶持。省农业厅对 9 大示范区院授予“湖北省农业产业化示范区”的称呼，并与示范区所在的市县政府签订三级共建农业产业化示范区的协议，明确了各级的责任和任务。示范区所在的地方政府也加大政策支持。黄陂每年投入 1000 万元支持示范区。老河口市在完善支持政策的同时，通过召开座谈会加强银行和企业的沟通，搭建金融服务平台，为企业融资提供便利。

三、湖北省推动产业集聚的启示和政策建议

从湖北省产业化示范区的实践看，农业产业化示范区与现代农业园区、农产品加工业园区都有明显的差别。和食品工业园区及农产品加工园区相比，产业化示范区在重视农产品加工业集群发展的同时，把产业化的理念引入园区建设，更多强调整个区域的资源优化配置，把龙头企业集群发展与周边的原料基地建设结合起来，充分发挥龙头企业、合作社等多主体的作用，对农民进行技术培训，推广新品种新技术，推动现代农业建设，提高农产品的附加值，带动农民增收。和现代农业园区相比，农业产业化示范园不但要加快新品种新技术在农业生产上的应用，更强调产业链的建设，通过发展粗加工和精深加工，拉长产业链条，发展仓储物流，形成系列化、配套化的有机统一的产业体系。产业化示范区建设是农业产业化经营机制创新的积极探索，是农业体制机制创新的重要内容，是统筹中西部地区工业化、城镇化和农业现代化的重要途径。为此建议：

（1）充分重视农业产业化示范区建设。当前，随着农业产业化经营的发

展，单靠推动单个龙头企业的发展，已经不能满足整体推进现代农业建设的需要，更无法满足中西部地区发展县域经济的要求。农业产业化示范区建设把农业现代化和中西部地区的县域经济发展结合起来，是统筹工业化、城镇化和农业现代化的有效途径。因此，要把农业产业化示范区建设作为推进农业产业化经营的重要抓手，出台推进农业产业化示范区建设的意见。

（2）要命名一批国家农业产业化示范区。建议从2010年起在全国选择一批主导产业突出、龙头企业集群发展、产业链条完整、规模效应显著的产业集聚区，授予“国家农业产业化示范区”称号。可以参照湖北省的做法，对于国家农业产业化示范区，可以实行“部、省、市三级”共建，共同加大支持力度，推进示范区建设。

（3）中央财政专门设立农业产业化示范区专项资金。通过对于国家农业产业化示范区给予扶持，以奖代补的方式，对于示范区内推广新品种、新技术和农民培训进行支持，对于示范区内公共服务平台、技术创新平台建设给予资金补助。

（4）完善金融扶持政策，发展信贷担保和农业保险。鼓励农业银行、农业发展银行加大对农业产业化示范区的建设支持，与示范区建立信贷框架性协议，进行综合授信，支持示范区内的龙头企业设备更新、技术改造和基地建设。在示范区内根据农业生产布局规划，推行农业政策性保险，建立风险防范机制，增强抗风险能力。

附录 2　四川省农业产业化龙头企业社会责任调研报告

21 世纪初以来，在“扶持产业化就是扶持农业，扶持龙头企业就是扶持农民”思想的指导下，中国各级政府在财政、税收、金融等方面出台了一系列政策措施，促进龙头企业的发展。其目的就是希望通过龙头企业的发展，特别是重点龙头企业的发展，推动现代农业建设，促进农民增收。处理好企业与农民的利益关系，自然就成为龙头企业社会责任的一个重要内容。本部分的研究重点是龙头企业在支农带农、质量安全控制方面的社会责任意识及其履行情况。2008 年 8 月下旬，课题组赴四川省遂宁市射洪县和眉山市东坡区进行调研，与相关部门座谈，调查走访了 13 家养殖业龙头企业、2 家合作社、15 个养殖场和 20 个规模养殖户。本报告是基于上述调查而展开的。

一、有关概念和衡量指标

20 世纪 90 年代初以来，全球兴起了强化企业社会责任的潮流，人们把经济责任、社会责任和环境责任称为企业行为的“三重底线”（徐广军、边宁，2008）。所谓企业社会责任，是指一个企业在其整个供应链中，就企业行为所造成的社会、生态和经济后果负起责任，报告这些后果，并且建设性地与各利益相关方进行互动。也有人把企业社会责任定义为企业在谋取股东利益最大化的同时，还应承担的维护和促进除股东外其他利害关系人的利益和社会公益的责任（吕玉玲，2008）。在“企业社会责任”概念提出的早期，学术界有过很多争论，这些争论涉及企业是什么、它的性质是什么，以及它应该为谁服务等。随着“利益相关者”概念的提出和“企业治理”内容的不断丰富，目前，相关的争论已基本平息。实践中，许多国际大公司积极推进企业社会责任活动以迎合股东等利益相关者群体和社会道德取向，提升企业品牌，保护企业自身利益和市场地位。在国内，有关于企业社会责任的讨论已经很多，特别是近来发生的一系列食品安全事件更加深了公众、企业、政府管理部门对企业社会责任的认识。

目前，还没有一套衡量指标系统地反映农业产业化龙头企业社会责任。而从目前情况来看，这已经成为一件非常迫切的事情。从政府管理的角度，农业产业化龙头企业社会责任的衡量，首先要看企业的发展状况和水平（以企业资产总额、企业销售收入、税后利润和出口创汇等指标来衡量），还要考虑依法诚信经营、照章纳税、员工福利和保障、融资信用等。这些都是企业所必须具备的基本社会责任。养殖企业在利益联结机制、农产品质量安全、疫病防治、环境保护等方面面临的问题比较突出。我们在对农业产业化龙头企业的研究中，把企业与农户的利益联结机制、产品质量安全、环境保护和污染治理、参与公益事业也纳入到衡量范围里，设计了一套反映农业产业化龙头企业社会责任的衡量指标（如附表 2.1 所示）。

附表 2.1　农业产业化龙头企业社会责任的评定内容

基本社会责任	利益联结机制	农产品质量安全	环境保护	社会公益事业
1. 税收贡献	1. 带动农户数量	1. 获无公害农产品、绿色食品、有机食品认证；获国家或地区的免检产品、名牌、驰名商标等称号	1. 养殖业有消纳粪污的一定比例的土地	1. 参加所在社区的社会公益事业
2. 出口创汇	2. 对农户生产提供物资和技术服务，对农户进行培训	2. 通过 ISO9000、HACCP、GMP 等认证	2. 粪污处理率达标	2. 为贫困地区和灾区捐款捐物
3. 增加就业	3. 合同履约率	3. 建立质量追溯制度	3. 发展循环农业	3. 扶贫济弱
4. 安全的生产环境	4. 建立二次返利制度	4. 对农户进行生产技术培训，如何采用良法生产质量安全的农产品	4. 环保设施投入	4. 其他
5. 为员工缴纳“三险”	5. 建立风险保障机制	5. 在收购环节建立严格的质检制度		
6. 安全无害、符合国家标准和市场需求的产品	6. 在市场低迷时，以高于市场价的保护价进行收购	6. 建立产品召回制度		
7. 其他	7. 农户在企业入股、参股	7. 对消费者进行科学饮食的宣传，引导消费		
		8. 自建基地		

本部分的重点主要放在龙头企业与农户的利益联结机制和农产品质量安全控制方面。

二、被调查对象的基本情况

13 家养殖业龙头企业全部为民营企业，其中，国家级龙头企业 2 家，省级龙头企业 1 家，县、市级龙头企业 9 家。按照所有制形式来划分，独资企业 5 家，股份制企业 6 家，合资企业 1 家。按照企业生产经营类型划分，加工型企业 3 家，养殖、屠宰、加工、销售一体化企业 7 家。按养殖类型划分，生猪龙头企业 10 家，家禽和小家畜龙头企业 3 家。

国家级重点龙头企业与省级、市县级龙头企业的生产规模、经济实力差距很大。例如，国家级重点龙头企业——高金食品有限责任公司 2007 年的鲜冻猪肉加工能力达到 50 万吨，鲜冻猪肉产量为 27 万吨，猪肉制品产量 6 万吨，罐头食品产量 3 万吨，资产总额和销售收入分别为 9.3 亿元和 46.4 亿元，出口创汇 3100 万元，上缴税金 3360 万元。市县级龙头企业——射洪县食品有限责任公司 2007 年加工能力仅为高金公司的 0.12%，白条肉产量 40 吨，鲜销肉产量 1.4 万吨，分割肉产量 600 吨，腌制品 200 吨，资产总额和销售收入分别为 2560 万元和 1.25 亿元，上缴税金 132 万元。从政府支持力度来看，重点龙头企业得到的政府支持力度较大：高金公司获得贴息贷款 2000 万元，免缴增值税，累计享受政府各种补贴 3583 万元；四川美宁实业集团获得贴息贷款 1.2 亿元，享受国家增值税优惠政策。市县级龙头企业得到的政府支持较少，一些市县级龙头企业近一两年才享受了一些国家的政策优惠。如射洪郑葛生态养殖有限责任公司 2005~2007 年累计获得政府补贴 30 万元；眉山万家和种猪繁育有限公司 2006~2007 年累计获得国家补贴 100 万元；四川新农牧业有限公司获得农业部项目补贴 100 万元。大企业对地方政府的税收贡献大，是地方政府招商引资的重点。中小企业在吸纳当地劳动力就业方面的作用明显，但得到的关注相对少。

被调查的 11 家养猪场 2008 年的规模情况是：1000 头以上的 4 家，100~

1000头的4家，低于100头的3家。养猪场规模呈现扩大趋势。养猪场资产在50万~500万元，投入多以自有资金为主。11家养猪场的职工平均人数为4人。

被调查的养殖户养猪规模在8~180头，多数都在几十头左右；户均投入约12万元，其中购仔猪款户均5万元以上。养殖户购买农资和仔猪有的从个体商贩处购买，也有的是通过合作社购买。

三、农业产业化龙头企业履行社会责任的基本状况

从调查结果看，龙头企业在推动规模化生产、促进农民增收、提高质量标准、参与社会公益事业等方面发挥了重要作用。

（一）推动规模化原料基地的形成

龙头企业处于市场的最前沿，其对原料的强大需求为农户生产提供了广阔的市场空间，拉动了区域内产业的发展，促进了专业化种养殖户的大批量出现。2007年，四川省全省牲畜饲养量达到12096.2万头，比上年增长14.2%；禽类饲养量达到104534.3万只，比上年增长11%；养殖水面面积达到2053.3万亩，比上年增长10.8%。目前，在川中丘陵地区已经初步形成了生猪产业带。畜禽水产品生产规模的扩大和产业带的形成无不与龙头企业带动有着密切的关系。养殖业龙头企业为了稳定货源，倾向于对规模养殖户给予重点帮扶。调查中，高金公司、九升兔业公司、射洪县食品有限责任公司等龙头企业基本上对核心联系户给予扶持。龙头企业通过一系列举措来发展自己的原料基地，促进了规模化经营的原料基地的形成。

（二）解决农民就业，促进农民增收

龙头企业通过延长产业链条，不仅吸纳了一批农民直接进厂务工，一些农民还通过直接参与初加工、运输、营销等环节的经营活动增加收入。2007

年，四川全省各类产业化经营组织从业人员 443.9 万人，比上年增长 23.2%，其中龙头企业从业人员 143.3 万人，占总数的 33%。射洪县 2007 年从事生猪购销、屠宰、肉制品加工和生猪贩运的人员已经从 2003 年的 780 人增加到 1890 人。据四川省农办介绍，目前，全省各类农业产业化经营组织以不同形式带动农户的比例已达到 53%，从事产业化经营的农户的收入高于一般农户。2007 年在各类产业化经营组织与农户的利益联结方式中，利益返还的有 7650 个，股份参与的有 5960 个。① 射洪县食品有限责任公司 2004~2008 年每年平均以订单的方式在全县收购生猪 20 万头，带动农户户均增收 1500 元。在被调查养殖场和养殖户中，6 家认为与龙头企业合作可以扩大规模，抵御风险和增加收入。

（三）保障基地农产品质量安全，提高质量标准

一些生产高端产品和出口产品的龙头企业为了全面保证产品的质量安全，从源头开始控制，通过建立种植或养殖基地，向农户提供种子、种畜、饲料、兽药等投入品，以保证投入品安全。如美宁集团建有 1 万余亩蘑菇、黄桃、芦笋等绿色原料基地和 3000 头规模的肉牛养殖示范场 3 个。其中，黄桃、芦笋基地已发展成为公司农场，公司租用农民土地进行标准化生产，农民进行生产管理，根据产量领取工资。集团对养殖基地农户的原料使用、养殖行为提出具体要求，并承诺以高于市场价的价格收购；对长期表现良好的养殖户根据加工利润进行利益返还，以激励养殖户规范生产行为，保证产品质量安全。在养鸡业和养兔业中，家庭车间型模式较普遍，企业提供种畜、饲料、统一防疫、技术指导等。一些龙头企业还探索循环经济模式，采用猪沼果、生物处理等方式来确保周围环境不被污染。调查中，有 6 家龙头企业执行无公害食品标准，2 家执行 ISO9000 标准，3 家执行绿色食品标准，1 家执行有机食品标准，有 5 家企业建立了质量追溯体系。

（四）在社会公益事业方面龙头企业做出了表率

被调查的龙头企业基本上在农村公益事业建设方面有过投入。有 3 家企

① 资料来源：四川省农办 2008 年 8 月 28 日提供的材料。

业为所在社区修建道路，1 家兴建幼儿园，3 家兴建养老院，还有的建自来水站、帮助贫困学生，以及修缮村委会办公室、帮助五保家庭等。被调查企业的公益事业捐款从 10 万元到 680 万元。在“5·12 大地震”中，一些龙头企业反应迅速，表现积极，为在社会上树立龙头企业的形象起到了积极的作用。据统计，2008 年 5 月 13~18 日，四川省农业产业化龙头企业向重灾区捐送方便食品、罐头、瓶装水等 35 车，价值近 300 万元。据不完全统计，仅省级重点龙头企业就捐款 5682 万元，捐物 3841 万元。美宁集团在地震发生后不到半小时就紧急召开生产动员会，对厂房、设备、原料等进行严格检测，于 13 日 7 时组织第一批罐头交付空降部队，20 日还派人派车将 20 吨清真罐头送到青川县的两个乡。为了保证重灾区的补给，美宁压下一切内外销订单，其供应的各类罐头占全省的 85%以上。

四、龙头企业对企业社会责任的认识和现有做法与社会要求还存在较大差距

农业产业化龙头企业在成长阶段、发展水平、经营管理能力上与其他工商企业相比都有很大差距，在对企业社会责任的认知方面，龙头企业也存在问题。

（1）龙头企业对企业社会责任已经有一些认识，但还不是从提升自身发展水平的角度来看待这一问题，更多的是因为外部环境的要求。调查中，我们提出“一个企业应该在社会上承担哪些责任”这个问题，13 家养殖企业提出了 9 个方面的内容：为社会创造价值、保证食品安全、带动农户进行标准化生产、技术推广、带动农民增收、解决就业、提高员工素质、为职工谋利益、遵守商业道德、讲诚信、扶贫济困、参与公益事业、安全生产、保护产业链条相关方的利益、保护环境、节能减排。

对于“一个农业龙头企业的社会责任包括什么”这个问题，企业的回答也包括 9 个方面：对所从事的行业有引领作用；生产合格、优质的饲料；开展技术服务带领农民致富；保证食品安全；遵守国家法律政策；保护环境促

进农业可持续发展；制定完整的产业发展服务标准；配合政府有关部门和专业合作组织在区域范围内实施养殖产业化的服务；参与社会公益事业。只有 1 家企业明确提出，在食品安全方面企业应承担义无反顾的责任。

对于“企业在履行社会责任时面临什么问题？哪些责任不属于该企业”这个问题，大多数企业认为自己在履行社会责任上基本上不存在什么问题。一些企业认为，履行社会责任应本着自愿承担的原则，情况好就多承担。从企业的回答可以明显感到，一些企业还是把社会责任看成是企业发展到一定阶段才履行的责任，或者是仅仅把企业社会责任理解成是单纯的公益行为，并没有把企业社会责任和企业本身的发展联系在一起。可以看出，一些政府机构和管理部门确实对于龙头企业有一些超出其经营范围的要求或行政性干预，而不少企业还基本上把履行社会责任当成是一种负担。有一个龙头企业提出，“目前农户生产的 80%的风险由企业承担，农户也应承担一定的责任”。不难看出，在面对市场风险和遇到行情波动的情况下，企业和农户之间确实会存在比较大的违约或纠纷的可能。

（2）很多龙头企业都意识到与农民加强合作的重要性，也已经开展了一些服务，但和农民的需求还有一定的差距。在回答“还可以或还应该在哪些方面加强社会责任”时，一些企业提出，加强农民培训，加大防疫投入，实行养猪补贴，二次返利，促进农户增收，保证产业链的可持续发展。还有企业提出，如果资金雄厚，可以考虑与农户进行一些紧密型合作，建立产业扶贫资金，引导消费等。这说明，一些企业已经认识到进行二次返利和全方位服务的重要性，打算为农户进一步提供技术服务，甚至让渡给农户一定的利益。可以说，企业已经对于建立利益联结机制和履行社会责任的重要性有了认识，但是，能否实践和履行社会责任实际上与企业对自己的要求有关。

调查发现，企业对于具有长期供销关系的农户和养殖场一般都会提供一些服务，甚至提供一些金融保险方面的支持。企业提供最多的是技术培训，在对农户或农场提供服务时，10 家企业回答不收费。由于养殖业投入大，农户和企业都面临资金短缺的问题。企业还提供疫病防治服务和产品质量检测，但服务水平还有待于提高。我们认为，服务的提供也是利益联结的一种重要形式。企业与农户的关系的紧密程度不能单纯以企业向农民返利与否来衡量。

附表 2.2　企业向农户和养殖场提供的服务

提供技术培训	提供疫病防治服务	提供产品质量检测	为养殖场贷款担保	给予小额优惠贷款	生产资料赊销	购买保险	组织投保
12家	5家	8家	3家	2家	4家	4家	2家

还有9家龙头企业向养殖场或农户销售饲料或其他主要生产资料。大多数龙头企业是出于保证源头质量控制、降低成本、为农户提供优质安全的饲料等考虑来提供这项服务的。

附表 2.3　龙头企业向养殖场或农户销售饲料或其他主要生产资料的原因

提高产品质量	集中采购，降低成本	作为一项服务	延伸产业链条，增加企业收益
6家	4家	4家	2家

企业向养殖场和农户销售生产资料的具体方式是多样的。有3家企业先赊销种苗种畜和生产资料，收购产品时扣除垫付款；有2家企业与养殖场、养殖户是自由买卖，现场交易；1家企业则与产品收购挂钩，对购买本企业提供饲料的农户，企业优先收购其产品；1家对购买企业饲料的养殖场和养殖户给予补贴。

当联系养殖场发生重大疫病时，也有企业会给予帮助和支持，给予较多的是技术指导和从风险基金中拿出一些钱来给予补贴。

附表 2.4　企业对发生重大疫病等严重损失的养殖场提供的服务

从风险基金中给予一些补贴	给予低息或无息贷款	免费提供技术指导，进行病情控制、消毒、死畜掩埋等工作	减免拖欠的原料款	基本无能为力
5家	4家	6家	1家	2家

注：此表仅指没有保险赔付或政府补贴的情况。

总的来看，龙头企业已经对养殖场、养殖户提供了一些服务。但是对养殖户的调查表明，龙头企业对养殖户的服务是不足的。与龙头企业没有紧密联系的散养户非常渴望企业提供技术、信息等方面的服务，但企业对于分散养殖户的关注度很低。在调查中，对于那些长期供货的农户或养殖场，4家企业说掌握并建立了详细的信息库，3家说了解大致情况。在对养殖户的调查中，只有2户提到企业到村里来进行过培训，只有3户提到企业统一供种、统一提供饲料和统一提供饲料配比方法，1户提到企业给提供配种和防疫方面的服务，2户提到企业组织养殖户参加农业保险。其余农户则表示更信赖合作社或是农村社区。即使是存在“龙头企业+农户”的情况，企业对农户二次返利的情况也很少，股份合作方式按股分红的利益联结机制目前还是少量的。

总之，从调查中不难看出，龙头企业毕竟还是少数，对于千家万户的生产者来说，其技术信息等服务要求的实现不可能单纯依靠龙头企业，而必须依赖多元化的服务提供者。

（3）龙头企业基本上没有信息披露，社会责任意识还不强。在调查中，还没有一家企业进行信息披露。只有1家企业提出可以按照要求，定期利用媒体向社会公示。也有企业提出可以搞内部公示来看自己所尽的责任。大部分企业对此没有回答。

从调查来看，更多的龙头企业，特别是市、县级龙头企业本身实力还不足，需要政府支持。目前，企业履行社会责任难免就要出资，导致很多企业把社会责任理解为就是捐款和搞公益事业，使得社会责任更多地表现为是政府和一些利益相关者的要求，并非企业的自发愿望。

五、龙头企业在履行社会责任方面存在的问题和剖析

根据调查，我们把龙头企业履行社会责任方面存在的问题归纳为以下方面，并逐一做分析：

（1）龙头企业与农户之间的利益联结仍以松散型的关系为主，还难以真正实现“风险共担、利益共享”。调查显示，企业都会与数量不等的养殖场和养殖户建立长期稳定的供销关系。个别龙头企业联系养殖场多达2860家，养殖户达28000家。有7家企业与养殖合作社或协会合作，其中4家签订了长期供销关系合同。与龙头企业建立长期供销合同关系的养殖场平均养殖规模最小的为5头，最大的为300头。供销价格主要依据市场价格加浮动比率来确定。市场低迷时，按合同价收购的有7家企业，降低价格继续收购的有

2家。7家龙头企业是现场结算货款，实行利润返还或二次结算的有3家。

但是，大多数企业与养殖场之间的关系还比较松散。一些养殖场仍要把产品卖给经纪人和个体商贩。只有3家养殖场的销售渠道是固定的。当原料紧张时，只有2家养殖场表示只要企业的收购价格基本合理，就卖给企业。这说明在购销合同条款的约束程度不是很高的情况下，养殖场是否选择遵守合同也是不确定的。总之，在合同式的产业化组织利益联结机制中，公司和农户没有建立利益共同体，他们之间的关系还简单地停留在购与销的商品交换关系阶段。

从农户调查结果看，在合同式的利益联结机制中，农民和企业都存在逐利心理，履约意识淡薄。一旦市场价格波动较大，企业和农户之间签订的合同往往无法落实。大多数龙头企业流动资金短缺，承担不了巨大的风险，对遵守合约没有多少积极性。而农户实力很弱，往往使“利益均沾、风险共担”流于形式，不利于双方利益的协调。调查中，只有两家对“龙头企业+养殖场或农户”的模式表示满意。

养殖户提出，养殖业投入大，周期长，收益滞后，饲料占用资金过多，资金周转困难，应加强对合作组织和中小养殖场的扶持。但是，一些养殖户将合作社视为企业，提出应解决融资难问题，但对合作社的理解局限性较大。有5家养殖户提出，合作社应进一步完善服务体系，实施“一条龙”服务，加强合作社与农户之间的利益联结机制。一些社员对“龙头企业+合作社+农户”这一模式表示满意，认为有了合作社这个平台，既可以交流技术，又能购买放心的饲料，即使交点钱也是值得的。

（2）龙头企业在质量安全控制方面存在源头控制难的问题，大部分的质量安全工作要依赖政府监管部门，生产者的责任承担情况不是很理想。农产品的质量安全直接关系着消费者权益。诚实地开展商业活动，进行诚实的市场宣传和广告，确保产品和服务的安全和品质应该是社会对企业的基本要求。从调查来看，龙头企业在加工环节的质量安全控制方面下了比较大的力气，但是在收购环节和源头控制方面还存在很大的不足，主要体现在：

第一，对生产过程缺乏指导，源头控制存在问题。对于“在生产过程中，如何保证生猪的质量安全？企业对养殖过程有何严格的要求”这一问题，养殖场的回答可以归纳为三个方面：一是提高卫生标准，进行防疫保健，按照饲养规程进行标准化养殖，用符合国家标准的厂家生产的达标饲料，不用违禁药品和超标的添加剂，做好免疫记录、标记和用药记录，采取控制休药期，不售病、死猪。二是检疫部门定期对生猪进行检疫，按有关标准，执行检查抽检。三是加入合作社，社员相互督促，养殖户互助。但提高卫生标准和进行标准化养殖的养殖场只有一个，多数养殖场认为要做好防疫检疫。还有一家养殖场表示企业对于生猪的质量安全没有要求。对购买的生产资料是否符合质量安全，养殖户主要是靠认牌子或是由别人推荐。有 7 户选择“一直就买固定的牌子，应该符合质量安全”；有 6 户选择“是知名品牌，企业和合作社推荐，质量应该信得过”。可见，养殖户对于饲料安全与否是难以了解和监督的，这一问题只能依赖于龙头企业加强对生产过程的控制和政府部门监管。

第二，质量安全把关不严，收购环节的检测薄弱。在原料的质量控制方面，有 6 家企业是在原料入厂环节监督，5 家在收购环节、原料入厂两个环节监督，4 家在生产环节、收购环节、原料入厂后进行检验 3 个环节进行监督。对原料的质量检测项目依产品的不同而不同。有 6 家企业都对是否变质进行检测，3 家检测有无兽药残留，4 家对重金素是否超标进行检测，3 家检测有无疫病。在入厂原料的质量控制方面，大部分企业缺乏手段。从调查来看，企业在收购生猪时，主要是检查畜牧部门的检疫标志，然后测背膘、胴体重量等外观特征，再确定价格。据养殖户介绍，企业收购生猪时检测的指标包括：有无防疫耳标，检疫标志，测背膘，胴体重量，瘦肉度，感官指标，目测有无明显症状。射洪县生猪收购大户超强公司的负责人认为，对养殖户生产行为进行监管很难做到，收购时主要是检查畜牧部门所盖的卫生检疫章。目前，畜牧部门对生猪的检查还比较简单，一些内在和潜在的质量问题难以发现。眉山地区的奶牛养殖场反映，菊乐公司在收奶时要检测酸度、酒精、尿素、蛋白质、脂肪、非脂肪、细菌等近 10 项指标，根据检测结果确定价格，严重不达标的会拒收。但是对于原料奶应该怎样生产才能达到标准，企业却不进行指导和监督。企业离原料奶的生产环节远，对原料奶的质量控制仅凭几个指标，实际上表明在奶业链条的质量安全上，龙头企业并没有真正负起责任，这足以说明在“三鹿婴幼儿奶粉”和最近的鸡饲料事件背后，类似的农产品质量安全隐患仍大量存在。

第三，质量安全控制成本高，政府监督无力，缺少社会监督。一旦检测出原料存在质量问题，资金实力弱的企业会拒收，有实力的企业收购后销毁。据高金公司介绍，收购时如果遇到个别的软猪、病猪，会在收购后进行急宰、化制、焚烧等无害化处理。只有 2 家企业会进行质量追溯。总的来说，由于农产品的生产过程长、生产环节多，影响因素广，因此食品质量安全控制的难度大，成本高，真正能够追溯源头的企业少而又少。

目前，绝大部分龙头企业在生产过程中按照国家的有关规定建立了一定的质量控制措施，然而，对加工原料的质量控制方面的措施还是比较薄弱，主要依靠政府检测，只有一些生产高端产品的企业从控制源头、过程监管等方面全面确保原料质量。在社会监督几乎没有的情况下，饲料企业、养殖企业都处于一种单纯追求增长和经济效益的状态，质量问题被忽略了。

目前，政府相关机构没有处罚或控制的手段。从政府部门的角度来说，龙头企业是一个自主经营的经济主体，有关部门可以决定企业是否应该获得相应的称号和补贴，但是对于企业的实际经营活动是无法监测的，有些企业在带动农户方面根本没有起到应有的作用，反而与农民争利，诚信存在问题，有的企业甚至出现危害消费者健康和生命安全的食品安全事件。

（3）龙头企业履行社会责任的状况取决于发展水平和能力，也与各个利益主体之间的博弈和竞争有关。有人认为，盈利能力是企业承担社会责任的基础（耿合江、韩振燕，2008）。具体到农业产业化龙头企业，要根据社会责任的不同内容进行具体分析。

第一，企业实力对其带动农户和吸纳就业有很大影响。如高金带动的农户数量达到 2680 户，射洪县食品有限责任公司带动的规模户是 128 户；高金联系的养殖场平均规模在 1000 头，而射洪县食品有限责任公司联系的养殖户平均规模为 5 头。从吸纳就业情况来看，大企业吸纳就业较多，不过中小企业的就业贡献也不容忽视，它们都对当地就业有促进作用。例如，高金的企业职工数为 10380 人，来自本县的有 3111 人，约占 30%。其全部职工都有工伤、养老和医疗保险。美宁集团的职工数为 2600 人，其中来自本县的有 300 人，占 11.5%。射洪县食品有限责任公司的职工人数为 713 人，其职工全部来自本县。其他的几家市县级龙头企业的职工中来自本县的在 70% 以上。

第二，利益联结机制的建立并不完全取决于资本实力，它与各个利益主体间的博弈和竞争有关。调查发现，市县级龙头企业比较注意利益联结机制的建立，如射洪县食品有限责任公司对签约养殖户有保护价，而且在市场低迷时继续以原价格收购，公司为大户宣传和争取政府的优惠政策；组织大户学习外地经验；建立规范化示范养殖基地，为养殖户提供示范指导；对养猪 20 头以上的农户每头仔猪补助 30~50 元作为建圈补贴；为购猪贷款提供担保和贴息；对购买饲料有困难的农户，公司无偿赠送饲料 50~80 斤/头。只有个别企业建立了二次返利制度。究其原因，市县级龙头企业在外来大企业的竞争之下，要与大企业争夺原料就必须与小农户建立利益联结机制，大企业更倾向于给规模养殖户许诺，而与中小规模养殖户的交易成本太高，因此，市县级企业便瞄准中小规模养殖户以培植自己的原料基地。这也是形势使然。

我们调查的温氏集团和九升集团都建立了比较严密的组织管理体系，但是它们各自与农户建立的利益联结机制情况并不相同。

九升的发展最初是由几个有技术的大学毕业生养兔起家，他们发现市场上没有专门的兔饲料，就开发兔饲料；为促销兔饲料，他们办起养兔协会，为农民提供技术培训；随着养兔数量的增多，为解决销售问题，公司又介入食品运销和加工领域；为保证公司运转所需原料，按保护价收购，发展规模养殖户并纳入到新成立的合作社之内；公司还打算为兔子上保险，建立风险保障机制。九升目前基本上是一个完整的产业链条，由于涉及饲料、养兔、食品加工以及规划的兔文化产业等，九升的管理者逐步意识到必须处理好生产者和销售商二者的利益关系，使之均可以获得相对合理的利润。由于九升模式结合了紧密型和松散型的特点，十分灵活，发展比较健康。在九升集团，企业和一些规模养殖户已经结成了较为紧密的利益共同体，企业对养殖户提供全方位的服务，当市场行情不好时，按内部合同保护价格收购签约产品，农户可在年底获得交售产品的成本和比例不等的利润返还。但是企业也承认，不敢发展更多的合作社成员，因为合作社成员要求分利，企业不敢多做承诺，因而只能提高门槛，限制成员数量。

温氏的发展带有自己的特点。它将眉山作为自己的原料基地，公司负责提供鸡苗、饲料、技术人员、防疫等，农民卖一只鸡赚一元钱工资，其对当地养鸡业的发展起到了非常大的作用。农民在鸡舍等专用资产上投入大量资金，对公司依赖程度较高，企业借农户的资金来建自己的基地，但在完善利益联结机制方面却并没有主动性。

（4）合作社发育不足是制约龙头企业与农户建立稳定利益联结机制的一个重要原因。从调查来看，养殖户对于专业合作社的信赖程度比较高，但是，真正农民自己的合作社却发展不足，调查的合作社不是企业兴办，就是代表的还是规模户、大户的利益，小农户基本上难以参与。真正稳定的利益联结机制的建立必然来自于对等的谈判地位、资源的掌握情况和利益主体之间的不断博弈。农户没有自己的代言人，没有属于自己的组织，是不可能奢望利益联结机制自发生成的。因此，要加大对小农户和农民专业合作社的扶助力度。通过引入合作社，把农户吸引成为合作社的成员，通过合作社规则来约束成员的行为，提高自己的谈判地位，这就是合作式的产业化组织利益联结机制，它可以在一定程度上克服“公司+农户”模式存在的问题。但总的来说，合作式的利益联结机制目前还处于发展中，尚未成为产业化经营组织利益联结机制的主导。

六、政策建议

（1）龙头企业应该对自己的利益相关者进行识别分析。对于农业产业化龙头企业来说，其利益相关者主要包括：股东、债权人、员工、供应商、经销商、消费者、农户。这些利益相关者能够影响企业为社会提供产品和服务的能力，与企业在经济上有相互依赖关系，承担着一定的风险。企业管理者应当把利益相关者纳入到企业的发展过程中，定位出不同的利益相关者群体对企业的影响，动态地处理好与他们之间的关系，并最大限度地实现各群体对企业提出的不同利益需求，达到企业的可持续发展。

（2）龙头企业的经营行为趋于理性化，但更紧密的利益联结机制的建立不仅取决于龙头企业的实力，还取决于农户组织化程度和谈判能力的提高。调查发现，企业的经营行为越来越理性化了。有的企业提出，不应该为要补贴而盲目上项目，认为政府应该出台好的政策，不一定要给资金，企业必须要靠自己来发展。致力于开拓市场的龙头企业，特别是外向型龙头企业，迫切需要一个高度稳定的供货渠道以满足其产能和获利需求，他们也高度依赖于规模化的生产基地来提供合格的、低成本的、足够数量的货源。如果货源出了问题，那么龙头企业也将会失信于市场，从而面临失去市场的风险。总的来说，产业化一方的损失最终是产业化整个组织的损失。没有整个利益共同体的共同努力，就不会有供应链条的整体利益。正是认识到这一点，一些发展起来的企业才积极地致力于利益联结机制的探索。

虽然现有的利益联结机制仍以松散型为主，但是现有的利益联结关系仍会有不断改善的可能。在市场经济条件下，企业、农户的经济活动都是以利益最大化为目的，只有存在共同的利益，并能使总体和个体的利益最大化，农业产业化的不同产业组织之间的联结才有可能。利益引力是产业化群体各方联合的契机和保证，引力越大，各经营主体之间的联结越紧密。企业、合作社与小农户会在利益斗争中渐渐成熟起来，并学会正确处理各种利益关系，减少利益分配中的冲突，并获取规模生产、专业化和一体化生产带来的潜在收益。

（3）建立龙头企业动态监测和评价预警机制。龙头企业履行社会责任，还需要良好的外部环境、社会第三方的介入和政府监管体系的建立。目前来看，基本上都是反向监督，龙头企业出现了责任事故才进行纠正，这不仅会使花费了大量社会资源而培育起来的企业毁于一旦，也会给社会带来不可估量的损失，严重打击消费者信心，从而导致一个产业的一蹶不振。因此，有必要建立龙头企业的动态监测和评价预警机制。这一机制的建立必须有社会第三方的参与。社会监督是最好的监督，要将社会评价信息及时传递给政府部门和企业，否则就起不到应有的作用。此外，在衡量龙头企业履行社会责任方面，大、中、小型龙头企业不宜采用单一衡量标准，其在社会贡献方面各有侧重，应该建立适合它们各自发展水平的评价和监测指标体系，给予企业同等的待遇。

（4）建立奖惩机制。企业是一个以营利为目的的市场经营主体。很多企业经营者是靠自己奋斗一步一步走过来的，因此，企业家“出手”谨慎是理所当然。关键在于，如果企业没有履行基本的责任，没有对员工、消费者尽到应尽的义务，甚至以损害相关方的利益来为自己牟利，那这样的企业就只能为整个社会所不容，而对于这样的企业光有舆论的压力和政府相关部门的监督是不够的，必须付诸于法律，使其为它给别人和社会造成的损害而付出代价。而对于积极投身社会，不仅以优质安全的产品服务于社会，而且关心社区、关心员工，在建立稳定的供应链方面做出努力的企业应该给予鼓励和嘉奖。

（5）要从整个供应链的安全性角度来看待个别企业的行为，并帮助企业，为企业培育良好的市场环境，为企业做好服务。对环境的关心和“绿色”消费者的出现，会使高度受关注的行业部门产生（社会责任信息披露）压力（赵颖、马连福，2007）。在这种趋势下，政府管理部门必须站在整个供应链安全性的角度来看待个别企业的行为，从而才能有正确的决策。同时，企业在履行社会责任方面存在的问题不全是企业自己的问题，应当从为企业树立良好的市场环境、建立公平交易的环境、为企业做好服务的角度出发去帮助企业和规范企业行为。要建立行业的准入和准出门槛；强化食品安全监管责任制和责任追究制；建立食品安全风险评估与预警机制；着手解决饲料行业出现的问题，净化市场环境，保证养殖业的安全；政府有关部门应加强对龙头企业、养殖场、合作社、养殖户的培训力度；扩大对企业社会责任的宣传，引导社会关注和重视养殖企业的社会责任。

附录3　辽宁省农业产业化龙头企业社会责任调查报告

近些年来，企业社会责任问题越来越受到国内外消费者和媒体的广泛关注。企业作为一种经济组织，与社会之间有着千丝万缕的联系，为了维持一个良好的发展环境，与社会共存共荣，企业必须承担社会责任。同样，以农产品生产、加工、销售为主的农业产业化龙头企业也必须承担相应的社会责任。

农业产业化龙头企业是推动农业发展、繁荣农村经济、带动农民增收致富的一支重要力量，在龙头企业的带动下，解决小农户与大市场之间的矛盾，延长了农业产业链，实现了农业增效和农民增收。特别是近几年来，国家为了引导农业龙头企业更好地支持农业、带动农民致富，出台了一系列扶持龙头企业发展的政策措施。其中，在2004年中央一号文件中明确提出："各级要安排支持农业产业化发展的专项资金，较大幅度地增加对龙头企业的投入。不管哪种所有制和经营形式的龙头企业，只要能带动农户，与农民建立起合理的利益联结机制，给农民带来实惠，都要在财政、税收、金融等方面一视同仁地给予支持。"2005年一号文件中提出："继续加大对多种所有制、多种经营形式的农业产业化龙头企业的支持力度。鼓励龙头企业以多种利益联结方式，带动基地和农户发展。"这也说明支农、惠农是国家对农业龙头企业履行社会责任的基本要求。值得注意的是，农业产业化龙头企业以提供食品为主，随着消费者健康理念和质量安全意识的增强，社会对于企业的质量安全责任提出了更高的要求。正是基于与"三农"密切相连的特殊属性，农业产业化龙头企业应承担更多的社会责任。

目前，企业社会责任在国内还是一个正在广泛传播的新理念，没有形成一个完整和系统的框架来规范企业的社会责任，现在只有一些大型的企业在评估自己企业的社会责任，对于农业龙头企业来说还是一个崭新的理念。而把“社会责任”引入农业龙头企业是一个必要而有意义的尝试，我们试图通过调研把“企业社会责任”的理念传递给企业，并通过相互交流了解企业对这一概念的理解和认识，以及企业履行社会责任的现状和问题。为此，我们首先选择了辽宁省调查龙头企业社会责任情况。

一、调查情况概述

由于辽宁省农业产业化发展相对较好，产业化经营模式多元化，涉及产品种类丰富，在全国具有一定的代表性。所以，我们于 2008 年 8 月在辽宁省进行了首轮调查，了解产业化发展和龙头企业承担社会责任方面的情况。

辽宁省位于我国东北地区南部，在东北经济区和环渤海经济区两个经济圈的相交地带，不仅是我国著名的工业大省，也是农业大省。近年来，辽宁省在国家一系列支农、惠农政策的指导下，不断加快农业发展步伐，借鉴农业产业化发展好的广东珠三角、山东等地区的典型经验，出台了一系列扶持政策，大力引导和扶持一大批具有特色和优势的农业龙头企业发展，形成了以粮油、经济作物、畜牧、水产、水果、蔬菜、林木、特产八大产业为主的产业体系。以 2005 年为例，龙头企业共享受财政扶持资金 4.4 亿元、税收减免 1.95 亿元，获得银行贷款 58.6 亿元。在这些政策的扶持下，辽宁省农业产业化得到长足发展，通过农业产业链的拓展和延伸，实现了农业增效和农民增收。2007 年底，辽宁省规模以上农业产业化龙头企业有 2824 家，比 2000 年增加了 1885 家，增长了近 2 倍，实现销售收入 1921.2 亿元，比 2000 年增长了 2.8 倍，比 2006 年增长 38.2%。全省参与产业化经营的农户有 360 余万户，占全省农户总数的近 50%，比 2000 年增加了 200 万户。2007 年，通过农业产业化龙头企业的带动，农民人均可从产业链条中获得 1630 元，占同年农民人均纯收入的 34.2%。

此次调研采取了访谈和问卷相结合的方式，分别调查和走访了沈阳、鞍山、营口和大连农业产业化龙头企业、养殖场和养殖户。调查内容包括：龙头企业生产经营现状、带动农户情况、质量安全控制、环境保护、社会事业以及对企业社会责任的理解等方面的情况，养殖场和农户的生产经营状况及其参与产业化经营状况等。

（一）调查企业的基本情况

此次共调查了 19 家农业产业化龙头企业，包括国家农业产业化龙头企业 10 家、省级龙头企业 5 家、县市级龙头企业 4 家，其中，饲料生产加工企业 2 家，生猪企业 4 家，家禽企业 6 家，水产品企业 4 家，水果企业 2 家，大豆企业 1 家。从企业所有制性质看，16 家为民营企业，2 家为港澳台及外商投资企业，1 家为其他类型企业。2007 年，年销售收入在 1 亿元以上的企业占 84.21%，年平均利润为 3214 万元，年平均上缴税金 862.6 万元。

在调查的企业中，大部分企业都享受到了补贴政策，具体包括税收优惠、信贷支持、用地优惠和直接补贴项目等。享受国家直接资金补贴项目的有 11 家企业，其中，7 家为国家龙头企业，享受到的补贴最少为 20 万元，最多为 1030 万元。如沈阳李相畜牧养殖有限公司享受了“能繁母猪补贴”20 万元，大连础明集团有限公司享受到“百万头生猪屠宰肉制品加工”项目 800 万元，海城市源泉养殖有限公司和兴达禽业有限公司享受到种鸡场建设和肉鸡饲料加工项目的支持，还有些企业享受了改扩建项目支持等。

（二）养殖场情况

共调查了 5 个养殖场，其中，生猪养殖场 1 家，养鸡场 4 家，这些养殖场都参与了产业化经营。生猪养殖场于 1992 年建立，拥有资产 3210 万元，职工 56 人，占地 120 亩，畜舍面积 32000 平方米，饲养规模为 24000 头，年利润为 671 万元，贷款为 1300 万元，2007 年享受“能繁母猪补贴”15 万元。

在调查的 4 家养鸡场中，1 家为种鸡厂，于 1982 年建厂，其余 1 家蛋鸡养殖场和 2 家肉鸡养殖场，都在 2004 年以后建厂。种鸡养殖场拥有资产 1000 万元，职工 80 人，占地 100 亩，畜舍面积 80 平方米，种鸡养殖规模 4 万只，年利润 3000 万元。蛋鸡养殖场，拥有资产 1000 万元，职工 40 人，占地面积 22.5 亩，畜舍面积 8200 平方米，养殖规模 4 万只。肉鸡养殖场规模相对较小，拥有职工 20 人左右，年养鸡规模为 20 万只。养鸡场没有得到政府的补贴。

（三）农户情况

此次调查涉及农户 5 户，包含 3 户生猪养殖户和 2 户肉鸡养殖户，均为规模养殖户。生猪养殖户家庭耕地面积平均为 13 亩，其中，一户将土地出租，另外两户作为饲料田。调查的养殖户平均饲养规模为 300 头，平均每头利润为 200 元，随着饲料价格的大幅上涨，今年养猪利润空间被大大压缩。肉鸡养殖户家庭平均耕地面积为 4 亩，基本不进行种植业生产，两个养鸡户的年饲养规模分别为 14000 万只和 10 万只，平均每只鸡纯利润为 2 元。调查的这 5 户养殖户均有龙头企业带动，家庭收入几乎全部来自于养殖业。只有生猪养殖户得到了“能繁母猪补贴”，补贴额度为 50 元/头。

二、龙头企业对“社会责任”的认知

我们通过访谈和问卷设置的两个问题“企业应该在社会上承担哪些社会责任”和“农业龙头企业应该承担的社会责任”，对农业龙头企业对“社会责任”的看法和理解有了初步的了解。

企业社会责任对于大多数农业产业龙头企业来说是一个比较新颖的“概念”，在调查的企业中，几乎没有一个企业对自己对“社会责任”的履行情况做评估。所以，当问及企业社会责任时，一部分企业的第一反应就联想到了社会公益事业，把积极参与社会慈善事业、扶贫济困、捐资助学、社会救灾和支持贫困地区发展等与企业社会责任等同起来。这是一种片面的、狭义的看法。还有些企业给出较为笼统的回答，如鞍山市腾鳌东鹏饲料有限公司认为，“企业是社会组成的基本单位，是社会的一部分，基本的社会义务、责任都要积极履行，除此以外，凡能促进社会和谐、法律范围允许，给国家、人类做出贡献的，都要尽力而为，造福社会，这就是企业承担的社会责任。”大连獐子岛渔业集团股份有限公司把企业的责任分为三类：首先，企业应承担并履行好经济责任，为国民经济快速发展发挥作用；其次是伦理责任，不扰乱市场秩序，不危害社会的事，努力使社会不遭受消极影响；最后是企业的社会责任。但它没有对什么是企业的社会责任做出回答。还有一部分企业认为生产和发展是企业的第一要义，在企业发展的基础上，才能更好地履行社会责任。禾丰牧业股份有限公司是一家大型饲料加工企业，他们认为，企业首先要生存下来，发展壮大了才能更多地解决就业，有能力做研发提高产品品质，从而为客户提供更优质的服务。沈阳华美畜禽有限公司的现实情况也说明了，企业发展是履行社会责任的基础。今年受能源等原材料价格飙升和人民币升值的影响，畜牧业的生产利润被挤压，今年上半年能源价格比去年同比上涨13%，饲料价格同比上涨80%，劳动力成本同比增加28%，总体挤占去年利润空间的9%~10%，由于利润的减少，吸纳农户的数量也由7000户锐减至2000户，减小幅度高达71.4%。

在调查中，大部分企业还对“企业社会责任”的具体内容做出了明确回答，按照企业提及频率高低，我们可以将其划分为以下几个方面：第一，保障职工基本利益，具体包括保障职工的生产安全和生活安全，提高职工福利水平，改善工作环境，加强培训等；第二，保障产品的质量安全，对消费者负责，提供质优、价廉、安全、放心的产品和服务；第三，依法纳税，增加财政收入，促进社会经济快速发展；第四，节约资源、保护环境，促进企业与环境和自然的可持续，为建设资源节约型、环境友好型社会努力；第五，积极参与社会公益事业，包括扶困济贫、慈善事业、赈灾捐款、为当地社区提供服务等；第六，诚实守信，遵守商业道德，规范行业行为，维护市场正常秩序，为促进行业的健康稳定发展；第七，企业发展带动了劳动力就业，增加就业机会，减小了社会就业压力；第八，进行科技创新和创自主知识产权，提高企业技术水平，促进全行业的产业升级和技术进步（见附表3.1）。

由于农业龙头企业植根于农村，依赖于农业，与“三农”有着天然的联系，那么其社会责任也有着不同的侧重点。除上述提到的“社会责任”外，有63%的企业认为龙头企业还应承担一项重要的社会责任，那就是要带动农民增收致富，保障农户利益。从长期看，企业与农户是利益共同体，在企业获得利润的同时，也要让农户享受到更多的实惠，同时要与农户建立长效稳定的利益联结机制。还有些企业表示，促进农村经济发展，推广农业养殖技

附表 3.1　龙头企业对“社会责任”的理解

企业对“社会责任”的理解	提及率（%）
保障职工的权益	37
保证产品质量安全	37
依法纳税	32
节约资源、保护环境	32
参与社会公益事业	26
遵守商业道德	21
促进就业	16
科技创新	16

资料来源：根据农研中心在辽宁省的调研结果整理。

术，提高农业生产效率为新农村建设做贡献是企业义不容辞的责任。此外，一些企业认为还要承担平抑物价、稳定市场价格，推动农产品加工业发展，保障粮食安全和食品安全的责任。

调查结果显示，企业都对自己应承担的社会责任有一定的认识，不同规模的企业对“社会责任”的认识也不相同。规模大的企业想得更多，范围更广，也明显感觉到它们更注重与企业形象、发展密切相关的社会责任，而规模小的企业认为带动当地农业发展、带动农民致富就承担了社会责任。综合起来看，似乎龙头企业对于“社会责任”的认识比较全面，但从每个企业个体看，它们对“社会责任”缺乏系统认识和深刻理解，对于履行社会责任的重点认识不清，甚至有些企业的认识还很模糊。特别是食品安全，它对于企业本身来讲也是一个非常重要的问题，如果质量安全出现问题，不仅对消费者产生极大的伤害，还会危及企业的生存。还有些企业过多地关注与自己利益密切相关的责任，如依法纳税、保障职工权益、节能减排等，这也是企业发展的“软肋”所在。

三、龙头企业履行社会责任情况

近几年，在国家政策的大力支持下，农业产业化龙头企业发展迅速，在经营规模、带动农户、开拓市场等方面有了长足的进步，在吸纳农村剩余劳动力、带动农民增收、增加地方财政收入、繁荣农村经济、促进现代农业发展等方面发挥了巨大作用。由此可见，企业在自身发展的同时也已经承担了许多社会责任。根据前面对企业社会责任概念的说明，我们主要采用以下框架对企业履行社会责任的情况进行考察，即企业责任分为基本责任和社会责任，基本责任指经济责任和法律责任，如对股东负责、照章纳税增加财政收入、遵纪守法、维持市场秩序等，在此不作赘述；而社会责任是指企业对相关利益主体所承担的责任，具体包括职工、环境、农户、消费者和社会五个方面，我们重点考察企业在这五个方面所承担的社会责任。

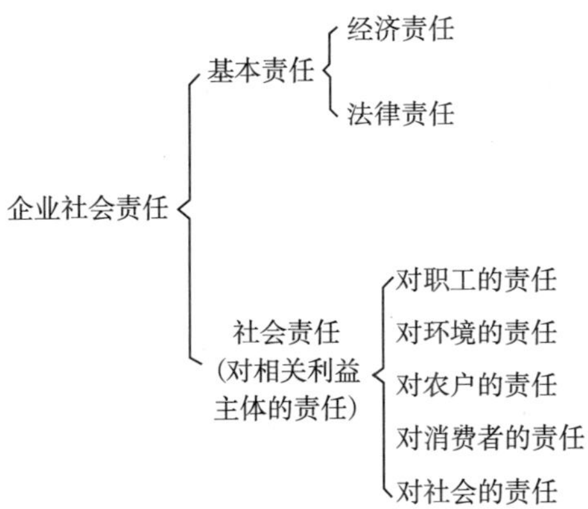

附图 3.1　企业社会责任的基本框架

（一）吸纳劳动力就业

“解决了一个劳动力就业就相当于解决了一个家庭的收入问题”，沈阳禾丰牧业股份有限公司认为这是他们承担社会责任的一个重要方面。龙头企业的发展确实增加了许多就业机会，缓解了社会的就业压力。从调研的情况看，平均每个龙头企业可提供 1245 个就业机会，每个月可为劳动者增收 1288 元，所吸纳的劳动力中来自本县的占 47.9%。不同规模的企业在带动劳动力就业方面呈现出不同的特点，2007 年年末总资产在 1 亿元以上的企业平均可吸纳 1837 人，其中，本县的劳动力占 46.3%，而年末总资产在 1 亿元以下的企业平均可吸纳 232 人就业，但有近七成的劳动力源于本地。由于规模大的企业对劳动力素质和文化程度要求较高，就需要到外面聘请有专业技术知识和具有管理经验的人才。以禾丰公司为例，每年都要招聘一批东北农大、沈阳农大等高校的毕业生。而小规模企业对劳动力素质要求相对较低，以吸纳当地农业剩余劳动力为主。企业除吸纳劳动力就业外，还注重提高员工的福利水平，如给员工上保险，改善员工居住条件，进行培训，以及对困难职工家庭的补助等。此外，龙头企业通过产业链的延伸，还增加了在销售、运输、流通等环节的就业机会。

（二）积极治理环境污染

环境是企业赖以生存的基础，保护环境是企业承担的社会责任之一。我们所调查的企业均为规模以上龙头企业（即年销售收入在500万元以上），在保护环境方面做得比较好。在调查的19家企业中，有11家企业投入30万~200万元不等的资金进行环境治理，有4家企业为海产品生产、加工企业，基本不产生污染，还有3家也进行了污染治理，但没有说明资金投入情况。调查的企业对污染都很重视，采取了高科技手段和循环经济理念对污染进行无害化处理。特别是畜禽类企业会产生大量的废水和粪便，企业通过建沼气池、有机肥处理厂和污水处理站等对污染进行治理再利用。一些饲料加工企业虽然只产生粉尘和噪声，它们把粉碎机放入地下室，并安装了除尘器和消音器。还有一些企业帮助养殖场和养殖户清理牲畜粪便。

（三）带动农民增收致富

“联结众多的农户”是农业产业化龙头企业区别于其他企业的重要特征，与农民建立良好的利益联结机制是社会对企业的基本要求，也是企业应当承担的一项重要社会责任。我们在辽宁的调查结果显示：被访企业主要通过三种方式与农户建立了联系，引导农民生产，带动农民增收致富。

1. 龙头企业与农户联结的组织形式

我们所调查的企业与农户联结的组织形式主要有“龙头企业＋农户”、“龙头企业＋中介组织＋农户”、“龙头企业＋养殖基地”等方式。

（1）“龙头企业＋农户”。“龙头企业＋农户”，是指龙头企业直接联结农户，双方的权责关系通过合同约定。龙头企业按照合同要求，统一为农户提供饲料、种畜、技术服务、卫生防疫服务等，并按合同中约定的价格和数量如期收购农户生产的产品；而农户需要按照企业提供的饲养标准养殖，并按时交售产品。收购价的确定有两种形式：一是为双方事先约定好的固定价格，在这种情况下，通常企业保证农户有一定的利润空间，生产资料可以赊销，在产品交售时统一结算；二是为最低保护价+市场价格，市场价格低时，执行保护价，市场价格高时，按市场价收购。一般来说，企业不为农户垫付购买生产资料的资金，饲料、种畜以及成品均为实时结算。这种组织方式的目的是，延伸企业的产业链，把农户纳入到企业的产业链中，以更好地控制生产原料的来源和质量，实现从生产、加工到销售的一体化经营。

龙头企业与农户之间有合同相约束，是一种较为紧密的联结方式，其优点是一方面企业可以严格控制生产原料的来源和质量；另一方面，农户可以有效地规避市场风险，不论市场怎样波动，农民都可以得到一定的利润。但与此同时，龙头企业与农户之间农产品的定价权基本掌握在企业手中，农民很难享受到市场价格上涨所带来的收益。

在我们调查的企业中，除两家饲料生产企业外，都采用了“龙头企业+农户”的方式。例如，沈阳华美畜禽有限公司直接带动农户 2500 户，年平均养殖规模为 5000 只；沈阳李相畜牧养殖有限公司直接带动农户 1000 多户，年平均养殖规模为 150 头；海城鸿尊达牧业有限公司直接带动农户 800 户，年平均饲养规模为 5000~10000 只。

（2）“龙头企业+中介组织+农户”。“龙头企业+中介组织+农户”，是指龙头企业并不直接面对农户，而是通过中介组织与农户建立起来的联结关系。在企业与农户之间起到桥梁作用的中介组织，可以是龙头企业自己组建的协会，也可以是由养殖大户办的养殖协会，还可能是农民自己组织的合作组织。中介组织分为两类：一类是偏重于企业的中介组织，包括企业办的组织或与企业有稳定交售关系的组织。这类中介组织按照企业的要求与农户签订合同，为农户提供服务，并替企业收购农产品，企业与中介组织结算后再返还给养殖户资金。另一类是偏重于农民的中介组织，包括农民自己办的合作社、协会和养殖场、养殖大户办的中介组织等。这类中介组织一方面帮助农民统一购买饲料、种畜，提供卫生、防疫服务等，另一面根据市场行情联系龙头企业。

在这种模式中，企业与农户的关系相对松散，没有直接和固定的购销合同，其优势是：从企业层面看，减少了管理成本和避免了大量的流动资金，还可以根据市场择优选择产品；从农户的角度看，其交易也更灵活，有产品的定价权。当然，这种模式也存在不足，如企业原料来源不稳定、质量难以控制，农户则承担了更多的市场风险、价格风险、销路风险等。

例如，海城市兴达禽业有限公司和大连龙城食品集团有限公司实施了“龙头企业+中介组织+农户”的方式，其中小型的养殖场充当了中介组织的角色。这两个企业的中介组织的不同点是，前者的中介组织只是帮助企业联系农户，合同还是由企业与农户签订，中介组织只负责帮助企业发放饲料、收购活畜、技术指导等，并从中赚取一定的服务费用；而后者的中介组织是一个相对独立的经营主体，它按照企业的要求以自己的名义同农户签订协议，包括收购价格、数量、饲料供给、技术指导、防疫等，而与企业之间只有数量的契约，没有价格契约。如2006年出现了禽流感疫情，肉鸡价格大幅下跌，中介组织与农户签订的价格是3.6元/斤，而中介组织交售到企业的价格只能随行就市为1.8元/斤。

（3）“龙头企业+养殖基地”。“龙头企业+养殖基地”，一般是指由龙头企业投资兴建养殖基地，然后租赁给农户或者雇佣农户养殖，企业提供养殖所需的生产资料和技术服务，最后企业根据养殖规模和劳动量，按照一定的利润率和农户结算。在这种模式下，养殖基地是企业的一部分，农民只是企业养殖工厂的工人，按劳取得相应的报酬。

可以说，这是与企业建立了最为紧密联系的产业化经营方式，其优点是生产环节完全被企业控制，在清洁生产、质量安全方面都有很好的保证，农民在规避风险的同时亦可得到一部分利润。但是企业需要巨额的资金保证产业链完整，而农民则失去了与企业的谈判地位。

我们调查的大连龙城食品集团有限公司投资7000万元建立了养殖基地，共有118栋鸡舍，目前，企业加工原料有30%来源于养殖基地。养殖基地的职工一部分为雇佣的养殖工人，按月发工资；一部分出租给农户，农户须向企业提供5元/只（全价料）和3元/只（料精）的合同保证金，若养5000只鸡则需提供4万元的保证金，这也说明只有具备一定经济实力的农户才能进入养殖基地。

2. 企业与农户联结的效果

以龙头企业为核心的农业产业化经营是继“家庭联产承包责任制”后又

一个农业生产方式的创新，通过龙头企业的带动，实现了农业增效和农民增收。

首先，农业产业化经营解决了小农户与大市场对接的问题。农户分散而且规模小，在信息不对称的市场上处于弱势地位，对市场信息把握不准，往往不知道该经营什么、经营多少，或者盲目地“追涨杀跌”，具有较大的经营风险，而在龙头企业带动下，农民可以有目标有计划地生产，从种畜选择到饲料来源，从养殖技术到疫病防疫，企业都要严格控制，而销售渠道相对固定，大大降低了农户在市场上“单打独斗”的风险。在调查中，有村民表示一定要参与产业化经营，这样销售有保障。

其次，经营相对稳定，市场风险小，农民有了稳定收益。在调查中发现，鸡的养殖纯利润为 2 元/只，猪的养殖纯利润为 200 元/头，那么，年养殖规模为 1 万只鸡的农户纯收入可达 2 万元，年养殖规模为 50 头猪的农户年纯收入为 1 万元。而且，在龙头企业的带动下，一些养殖户的规模还不断扩大，家住沈阳市东陵区三家寨村的村民陶淑燕，在参与产业化经营之前养猪规模在 50~60 头，现在发展为 200 头，一年养猪的纯收入可达 4 万元。

最后，企业还对农户提供技术服务、资金支持，提高了农户的养殖水平。被调查的企业均免费为农户提供养殖技术支持，包括在公司举办讲座、入户指导、实时技术支持等，对于资金紧张而信誉好的农户提供小额贷款或生产资料赊销，同时免费为农户提供畜禽的疫病防治服务，只对收取少量的成本费。

3. 企业与农户联结存在的问题

通过以上分析，我们可以看出龙头企业在支农、惠农方面履行了社会责任，但仍存在一些问题，主要表现在：①龙头企业带动能力有限，而且以带动规模养殖户为主，很少惠及小养殖户；②与龙头企业合作还需要一些条件，如初始交的押金或是先达到了养殖标准再进行合作等；③与企业合作的农户很难享受到农产品价格上涨得到的额外利润。

（四）控制产品质量安全

农业产业化龙头企业能够发展起来并带动农业增值增效，其中最重要的原因是企业所提供的优质农产品得到了消费者的认可和信赖。我们所调查的企业规模较大，特别是还有一些企业是国内知名企业，它们在生产过程中实施了比较严格的质量安全控制体系。在调查的19家企业中，有13家企业建立了质量安全追溯体系；有68%的企业对长期供应原料的养殖场建立了详细的信息库，21%的企业表示了解大致情况，其余未作回答；有12家企业对原材料分别在生产、收购、入厂后三个环节进行检验，2家企业只在生产阶段进行检测，1家在收购环节进行检测，还有1家分别在生产和收购环节控制原料质量安全。企业控制产品质量安全主要通过向养殖户统一提供无添加剂的饲料、控制滥用药、对畜禽免疫、定期查看畜禽状态以及收购阶段的检验等。

（五）促进农村和社会各项事业发展

对于社会这一主体的责任是对龙头企业"社会责任"的最高要求。龙头企业不仅带动农业发展、农民增收，还极大地活跃了农村经济，与之相关的生产、加工、分装、运输、储藏、金融保险等非农产业也得到了发展，改变了农村经济单一状况，推进农村多种经济协调发展。另外，龙头企业还在社区建设方面承担了社会责任，如扶助老弱病残，支持贫困家庭子女上学，捐资建希望小学，参与公共基础设施建设等。此外，龙头企业还积极参与社会公益事业，在南方冰雪灾害和"5·12"抗震救灾中表现突出，积极捐款捐物，承担了应有的社会责任。大连华农豆业集团股份有限公司和大连獐子岛渔业集团股份有限公司向社会的捐款高达2000万元。但也有企业反映，它们在社会公益事业方面也承担了一些不应承担的责任，如超出企业承受能力的社会责任。

四、基本结论

我们通过以上企业对"社会责任"的认知和企业履行社会责任现状的分析，可以得出以下结论：

（一）龙头企业对“社会责任”认识不完善

一些龙头企业对“社会责任”的认识过于简单和片面，不能只把企业社会责任等同于社会公益事业；一些企业的理解比较狭隘，把“社会责任”理解为照章纳税、遵纪守法、明礼诚信；还有一些企业把与切身利益密切相关的社会责任看得十分重要，以上都是龙头企业对“社会责任”狭隘的看法。从这一点上看，地方政府应该强化企业履行社会责任意识，加强监管，规范企业行为，促进企业科学发展。

（二）龙头企业在带动农民增收方面动力不强

对于大部分龙头企业来说，农户是企业重要的原料来源，农户和企业位于一条产业链的不同位置，二者共同分享产业发展的利润，从这一点上看，农户与企业的利益是矛盾的，只有压低农户生产利润，企业才获得更多利润。目前所实行的这几种模式，都把农户纳入企业产业链中，带动范围和能力有限，农户只能享受基本的收益，很难享受价格上涨和产业链延长所带来的收益。然而，从长期的博弈看，只有共赢才能实现产业链的稳定。况且，国家大力支持龙头企业发展，就是要求企业能够带动更多的农民致富。所以，抛开利益不谈，企业应增强带动农民增收致富的意识，让农民能够享受到更多实惠。

（三）龙头企业质量安全责任有待进一步加强

调查结果显示，企业对于出口产品能够严格按照检验检疫标准进行检验，而对于内销的产品缺乏自我监督和管理，容易在内销产品的质量检验上形成思维定式，这无疑给质量安全留下隐患。质量安全是企业最应重视的社会责任，它不仅关系到人们的身心健康，一旦质量出现问题，消费者不认可了，还将给企业造成毁灭性影响。所以，企业应排除质量安全隐患，提高产品的质量安全水平，承担起质量安全的社会责任。

（四）龙头企业在履行社会责任时应注意发展与责任的平衡

企业的生产和发展是履行社会责任的基础，在履行社会责任时，要注重发展与责任的平衡，不能一味追求经济目标而忽视企业的责任，同时也不能为承担社会责任而放弃了企业发展。这也说明不同规模和类型的企业所承担的社会责任的程度不同，特别是在社会公益事业方面，要本着自愿参与的原则，但这不意味着规模小、实力薄弱的企业不用承担或少承担社会责任，企业的行为仍然要受“社会责任”框架的约束。

附录4　河北省农业产业化龙头企业社会责任调研报告

企业社会责任起源于20世纪初的美国企业，主要来源于企业活动对社会产生的影响，是企业利益与社会利益相协调的一种思想，现已成为经济学、管理学、社会学、法学等学科共同关注的热点问题。国际社会普遍认为，在任何社会，有实力和能力的机构都需要为整个社会履行责任，尤其是作为市场经济主体的企业。随着经济全球化的快速推进，政府的社会形象和影响力逐步淡化，企业的影响力不断加强。同时，企业对社会的责任也越来越突出，加强对企业社会责任的研究也显得更加迫切和重要。

我国农业产业化和农业产业化龙头企业是20世纪80年代中期至90年代初期社会主义市场经济的产物。伴随着我国总体上已进入以工促农、以城带乡的发展阶段，农业产业化作为以工促农、反哺农业的一个组织创新，是工业反哺农业的重要途径。而农业产业化龙头企业作为生产资料的重要消费者、各类农产品的重要生产者、消费市场的重要供应者，在社会经济生活中的作用越来越大。我国现阶段农业产业化建设过程中，资金、技术、土地、原料资源等生产要素向龙头企业快速集中的趋势日益凸显，客观要求龙头企业承担带动农户增收、促进产业发展的社会责任。龙头企业在自身做大做强的同时，要更加注重带动农民进行标准化生产，提高农产品质量安全水平；要充分发挥资本、技术、信息和市场等方面的优势，通过产业带动、村企互动、投资推动、科技驱动、服务拉动、外向牵动等不同方式积极支持农业生产；要积极参与和支持新农村建设和社会公益事业，节约资源，保护环境，诚信经营。

河北省农业产业化龙头企业近年来发展很快，在各级政府的引导和扶持下，龙头企业蓬勃发展，综合实力不断增强。但与其他省份相比，龙头企业的发展还很落后。目前全省只有32家国家级龙头企业和300家省级龙头企业，年销售收入亿元以上的龙头企业仅有146家，而相邻的山东省则有六七百家。[1]不仅如此，河北省农业龙头企业与农户之间的利益联结绝大多数属于松散型、半紧密型，全省3/4以上农产品加工企业与基地和农户之间还停留在以产品买卖关系为基础的低层次产销合作上，没有真正形成“风险共担，利益均沾”的利益共同体，利益联结纽带比较脆弱。如何加快农业产业化龙头企业发展，推动农业、农村经济的发展已经成为河北省亟待解决的重要现实问题。

就龙头企业与农民利益联结机制建立情况和龙头企业履行社会责任情况等问题，2008年12月15~19日，“农业产业化龙头企业社会责任研究”课题组赴河北省进行调研。课题组一方面针对企业联结农户和保障产品质量安全这两个专题与当地政府主管部门负责同志进行座谈；另一方面调查走访了农业产业化龙头企业11家，包括3家合作社、5个养殖场和7个奶牛养殖户。本报告将对河北省龙头企业承担的社会责任情况进行分析。

一、被调查对象的基本状况

（一）龙头企业

我们共调查了11家农业产业化龙头企业，其中国家级龙头企业4家，省级龙头企业5家，县市级龙头企业2家。从所有制形式来看，11家企业全部为民营企业；从所有权形式划分来看，独资企业4家，股份制企业7家；从企业经营类型来看，加工型企业4家，种养殖、屠宰、加工、销售一体型企业6家，合作组织型龙头企业1家。

从调查结果来看，河北省农业产业化龙头企业规模和实力明显偏小，而国家级重点龙头企业与省级、市县级龙头企业的生产规模、经济实力差距又

① 资料来源：河北新闻网，http://gov.hebnews.cn/yw/2009/0304。

很大。例如，调查中最大的龙头企业晨光天然色素集团有限公司（以下简称晨光集团）是一家集农产品精深加工、天然植物提取为一体的出口创汇型企业和农业产业化国家重点龙头企业，是中国最大的天然色素生产和销售企业。集团主要研制和生产天然色素、天然调味品、天然营养及药用提取物三大类和果脯系列产品等 40 多个品种，同时拥有十多项国家专利技术。该企业 2008 年末总资产 5 亿元，销售收入 4 亿元，上缴税金 1200 多万元。药都制药集团股份有限公司（以下简称药都集团）占地 30 万平方米，员工 2600 人，总资产 4.5 亿元，拥有国内领先水平的加工生产线，年产中药制品 15000 吨，年处理中药材 3 万吨，2007 年实现销售收入 3.8 亿元，是全国最大的蜜丸生产基地。而作为市县级龙头企业的曲周县海源种禽有限公司，是专门养殖、孵化和销售商品蛋鸡雏鸡的养殖企业，2008 年末总资产仅为 1550 万元，销售收入为 1820 万元，远远低于晨光集团和药都集团。而其他小企业的情况差别更大。

从政府支持的角度来看，由于企业之间的发展起点不一样，得到的支持也不一样。国家级龙头企业得到的政府支持力度相当大。如晨光集团优惠使用土地 100 亩；享受政府补贴 500 万元；2007 年获得出口退税优惠 270 万元，2008 年 1~10 月为 160 万元；等等。国家级龙头企业河北华裕家禽育种有限公司享受 3 年免增值税优惠政策，还获得了农业产业化项目政府补贴 228 万元。

而市县级龙头企业无论是在经济实力方面，还是得到的政府支持方面都无法与国家级龙头企业相比。调查发现，一些县市级龙头企业几乎没有享受到国家的政策优惠。如河北永光三农养殖有限公司和曲周县海源种禽有限公司，均为养殖类企业，规模较小，政府的优惠政策很难获得。近年来由于原料价格的剧烈波动，企业的生存发展受到极大影响。对于地方政府来说，越是大企业其税收贡献越大，因此越是地方政府招商引资的重点。而中小企业虽然在吸纳当地劳动力就业方面的作用也很明显，但由于满足不了地方政府增加税收的需求，因而得到的关注相对也少。

（二）养殖场

本次调查走访的 5 个养殖场中，有 3 个养猪场、1 个奶牛养殖场和 1 个养鸡场。从被调查养殖场的成立时间来看，最早的一家养鸡场成立于1988年，其余的都是在2000年以后成立的。海源养鸡场和民强养牛场规模较大，养鸡场总资产为1000万元，占地30亩，职工人数为46人；奶牛养殖场总资产1600万元，占地总面积达250亩，拥有职工35人。3家养猪场规模相对较小，它们拥有的企业资产分别为50万元、70万元、200万元，养殖场占地依次为4亩、11亩、23亩，职工总数也很少，分别为3人、8人、8人。所有养殖场吸纳的基本上全部是县内劳动力。从养殖场的资金投入情况来看，养牛场和养鸡场的资金主要来自银行和私人贷款，养猪场的投入较小，以自有资金为主。

从养殖规模上看，2008年养猪场的规模情况是：养猪在1000头左右的有2家，另外一家有300头。从规模上来看，2008年养猪场的养猪规模化程度明显高于上年。民强养牛场的养殖规模由2006年的800多头，增加到2008年的1700头，而由于资金和病害的原因，海源养鸡场的规模不断缩小。

养猪场得到的国家补贴主要有规模化养殖建设补贴、能繁母猪补贴、能繁母猪保险补贴、标准化圈舍补贴、引种补贴等。然而，养牛场和养鸡场的国家补贴不明确，尤其是养鸡场的补贴几乎没有。

（三）奶牛养殖户

养殖户家庭平均劳动力2.5人，户均耕地面积7亩。2008年，4户增加了养殖量，2户减少了养殖量，1户养殖量未变。农户最少的养牛10头，最多的养牛76头，其余大多数农户的养殖规模在30头左右。在养牛投入上，户均投入约30万元，其中购牛款是最大的投入项目，占总投入的80%以上。为发展养殖，平均每户的借款占总投入的30%以上。每户都获得了奶牛养殖补贴200元/头·年。养殖户的玉米、小麦等种植业产品除满足口粮需要外，基本都用到养殖上。几乎每户都使用自己生产的小麦、玉米，不足时从个体商贩处购买玉米、豆粕等；复合饲料自己配比的占多数。

（四）合作社

3家合作社分别为永年县京山育苗专业合作社、永年县众持蔬菜专业合作社、宁晋群芳食用菌专业合作社。2家蔬菜专业合作社主要依靠永年县的蔬菜批发市场，规模较大，为社员提供农资、技术、信息、产品销售等全方位服务。群芳食用菌合作社注册资金 350 万元，成员 105 个，主要经营食用菌各种菌种、原辅材料、农药和食用菌产品的加工销售业务，引进新品种、新技术、开展技术咨询服务。

二、农业产业化龙头企业履行社会责任的基本状况

河北省的农业产业化经营起步于 20 世纪 90 年代初期。1994 年省政府制定了关于加快农业产业化经营发展的文件，采取了一系列有效的政策措施，抓特色，扩基地，壮龙头，建市场，搞服务，全省农业产业化经营呈现大范围启动的态势，农业龙型企业达 1300 多个（蔺丽莉，2006）。党的十六大以来，河北省政府将推进农业产业化经营、发展龙型经济作为发展农业和农村经济、增加农民收入的突破口，大力发展乳品产业、肉类产业、粮油产业、果蔬产业、生物质产业五大农产品加工业，积极培育农业产业化龙头企业。

目前，在河北省各级政府的大力培育和扶持下，龙头企业作为农业产业化经营的一支主导力量在农业产业化和农村经济发展中发挥着重要的作用，它们在农村产业结构调整、市场发育、规模标准化发展、农民增收、提高质量标准、参与社会公益事业等方面的重要作用日益凸显。

（一）促进农村产业结构调整和产业升级

龙头企业不仅对农业产业化的发展起着关键作用，而且对促进农业结构调整也具有重要意义。龙头企业通过龙头连着市场、龙身连着加工和销售、龙尾连着生产，一方面与农民建立了稳定的购销关系，引导农产品生产；另一方面根据市场需求信息，确定加工和销售有市场发展潜力的不同农产品，并为其开辟多种销售渠道，促进农产品多次转化增值。随着农业产业化经营的实行，龙头企业对农业结构调整的带动与引导作用越来越突出。它既引导

了农业生产结构的调整，又促进了农产品品种、品质的结构优化，加快了农业结构调整的进程，同时促进了农业结构调整的深化。

河北国宾食品有限公司通过产品深加工，提高食用菌的附加值，为农民种植食用菌找到了销路，使宁晋县食用菌产业从无到有，从弱到强，种植品种有最初的平菇发展到平菇、双孢菇、金针菇、香菇、草菇等 12 个品种，种植户达到 21000 多户，年产量达到 6.5 万吨，年产值达 3.5 亿元，占农业总产值的 15%左右，在种植业中仅次于粮食和蔬菜。食用菌产业的发展进一步促进了农业结构的调整，目前已形成农业产业化经营中的奶牛业、食用菌和粮食加工三条龙型经济，食用菌产业已经成为宁晋县推进社会主义新农村建设的主导产业之一。河北凯特有限公司通过两个大的项目：年产 50 万吨蒸汽压片谷物玉米生产线和 300 万羽蛋鸡标准化养殖基地一期工程，延长整个农业产业链条，对促进农业产业结构调整作用重大。

（二）提升了农产品质量安全水平

龙头企业为了全面保证产品的质量安全，从控制源头开始确保产品质量安全，通过建立种植或养殖基地，向农户提供种子、种畜、饲料、兽药等投入品，以保证投入品安全。如河北凯特集团有限公司建立养殖园区，促使分散、规模小的养殖业向规模化、标准化、品牌化健康养殖模式发展。另外，通过上下游产品的有效对接，带领农民以科学的养殖方式进入市场，改变传统的养殖方式，依托当地的养殖优势建立当地的蛋鸡品牌。标准化蛋鸡养殖项目的实施，使无公害鸡蛋纳入了食品可追溯体系，从生产的源头上控制了食品安全，有效地建立了河北省的蛋品品牌。药都集团公司一方面组织实施种苗（籽）、农药、化肥一体化供应方式，聘请中药专家、技术人员指导农民进行规范化、标准化种植，从源头上确保药材质量；另一方面抓好生产过程控制，把好产品出厂关，车间各工序实施岗位操作标准，建立企业内部质量检测标准，积极推进质量管理与国际惯例接轨。河北国宾食品有限公司采取三种形式确保产品质量：一是租赁 1000 亩土地，建立自己的蔬菜示范基地和食用菌示范基地。二是在全省率先进行 15 个食用菌基地的备案，实行统一供种、统一技术、统一管理、统一质量指导、统一收购、统一价格的六统一服务。三是由公司提供技术、提供菌种，农户按照标准进行管理，按市场价格回收产品，从生产源头控制了产品质量。此外，企业还通过了 ISO9001：2000 国际质量体系认证和 HACCP 认证，产品获“河北省名牌产品”，获 2007 年中国国际食用菌产业博览会“金奖”等荣誉。调查中发现，有 4 家龙头企业执行无公害食品标准，3 家执行 ISO9000 标准，2 家执行绿色食品标准，有 4 家企业同时执行不止一个质量标准，还有 2 家企业建立了质量追溯体系。

（三）促进了农民就业增收

龙头企业通过大力发展精深加工，不断延长产业链条，吸引一批农民进厂就业，还通过大力发展包装、运输、仓储等相关配套产业，吸引农民参与运输、营销等活动，增加农民收入。如河北凯特集团有限公司通过四个环节带动农民增收：一是直接带动农户种植玉米，增加收入（年产 18 万吨新型蛋鸡饲料需要玉米 12 万吨，可带动约 4.8 万农户种植优良玉米品种，农户种植玉米总产量 16800 万元，户均收入 2800 元）。二是通过安排就业直接增加农民收入，公司新项目可安置闲散劳动力 1200 余人从事工业生产。三是带动当地运输业发展。四是新项目每年转化玉米 12 万吨，使农产品转化增值，增加了农民收入。河北国宾食品有限公司在经营上和农民签订种植回收合同，公司提供技术、原材料、种子等，制定保护价格，同时为了在全县推广双孢菇新品种，农民每建一栋双孢菇棚，公司扶持资金 1 万元，利用三年时间从收购产品中逐年扣除。由于金融危机的影响，2008 年 12 月，我国南方双孢菇价格每公斤降至 2 元左右，而该公司仍按平均每公斤 5.6 元的价格收购，仅此一项就让利于民 260 余万元。此外，食用菌加工业和其带动的运输、经销、餐饮、包装等相关产业，增加了农民就业机会，促进了社会主义新农村建设。邯郸市东之星生物科技有限公司采用“公司+基地+农户”模式，先后在成安县、新疆库尔勒等地建立了 5 万亩基地 3 个，与 5000 户农民签订了种植和回收协议，辐射带动农户 50000 余户，使农民增收 2000 万元。河北华裕家禽育种有限公司通过提供雏鸡产品、技术服务为用户的养殖业保驾护航，提高农户的收入水平，户均在养殖业的收入水平为 2 万元，通过公司增收 2000 元左右。被调查的养殖场和养殖户中有 4 家认为，与龙头企业合作可以扩大规模、抵御风险和增加收入。

（四）回报社会，积极参与社会公益事业

积极参与社会公益事业是企业社会履行责任的重要方面。从调查情况来看，大多数企业均热心社会公益事业，积极为社区修建道路，幼儿园、养老院等基础设施，帮助贫困学生和五保家庭等弱势群体。药都集团历年来参与社会公益事业捐款累计达 850 万元，捐款共计 560 万元，在汶川大地震中，为灾区捐献药品价值 100 万元，捐款 18 万元。近年来，华裕公司投入 100 万元为所在的农村地区修路，为兴建学校捐资 10 万元；在汶川地震发生后，公司积极响应政府号召，向灾区捐款 10 万元，同时组织公司员工捐款 3 万元。除此之外，公司还为农村五保老人送米、送油。凯特集团积极参与了各种社会公益事业，其中为社区修路捐资 20 万元，兴建幼儿园捐资 2 万元，兴建学校捐资 3 万元。这些慈善行为为龙头企业树立了良好的企业形象。

总体来看，龙头企业在发展过程中得到了政府部门、社会各界的支持和帮助，其也在发展过程中回馈社会。

三、龙头企业对企业社会责任的认知分析

企业主对社会责任的认知是企业履行社会责任的前提。总体上看，龙头企业对企业社会责任的概念和内容已有一定的认识，但是认识还不全面，企业履行社会责任的意识还不强。

（一）龙头企业对企业社会责任的内容已经有初步认识，但是还不全面

从调查来看，龙头企业对企业社会责任有初步认识。首先，企业均能谈出社会责任的部分内容。被调查的 11 家企业在谈到“一个农业龙头企业的社会责任包括什么”问题时，其回答均谈到“保证食品安全；带农增收致富；遵守国家法律政策；保护环境，促进农业可持续发展；产业扶贫，参与社会公益事业”。但是没有一个企业能全部说出企业社会责任包括的内容，

均只涉及其中的一条或几条，而且各个企业认识不一，各有侧重。

其次，企业对社会社会责任的认识比较狭窄。从调查情况来看，大部分企业把发展养殖场，提高养殖技术水平，增加产量，带动农民增收；建沼气池、建有机肥场，达到零排放以保护环境；诚信和保证产品质量；出现疫病时，提供免费消毒、疫苗防疫等视为企业社会责任。而实际上，企业提出的很多内容是相关产品质量法、环保法、环境影响评价法等的基本要求，是一个遵纪守法的企业必须履行的最低限度的社会责任。由此也能看出，一些龙头企业对企业社会责任的理解还很狭窄。

再次，企业对承担社会责任的优先序和作用也没有清楚的认识。部分龙头企业对各种社会责任承担的优先序，即企业应先承担什么社会责任，再承担什么社会责任也没有清楚的认识。从调查情况来看，龙头企业对履行社会责任的作用还没有清楚的认识，仅把履行社会责任作为企业的额外责任或一种负担，而没有把履行社会责任和企业的长远发展联系起来。

最后，企业对承担社会责任缺少关注。从调查来看，大多数农业产业化龙头企业是通过外部社会了解到“企业社会责任”的相关提法的，主要的渠道包括政府部门、电视报纸等媒介，这说明企业从自身发展的内在需要来关注企业社会责任问题的情况还不多。

（二）龙头企业对进一步履行社会责任的作用有了初步认识，并承担了一些社会责任，但与农民的需求相比远远不够

从调查情况来看，部分龙头企业对履行社会责任的作用已有了初步认识，部分企业为农户免费提供种苗、免费培训种养技术、统一防疫、保价回收等服务，密切与农户之间的关系。在调查的7户养殖户中，所有养殖户均得到企业到村里来的培训，6户享受过企业给提供配种和防疫方面的服务；3户享受到企业统一供种、统一提供饲料和统一提供饲料配比方法；3户享受到企业为农户贷款提供担保服务。而且调查也发现，龙头企业对进一步履行社会责任已有初步的打算，认为企业今后可以在以下几方面加强履行社会责任，如举办培训班，提高农民的种养技能；通过二次返利，让农民分享企业利润；加大防疫投入，规避农民养殖风险；提供技术服务，帮助当地农民发展种养业等。部分龙头企业提出，随着企业的发展壮大，经济实力的增加，

企业可以给订单农户担保贷款或提供改良养殖圈舍补助等，支持农民发展种养业。从调查来看，企业承担社会责任的程度还不够，只重视带动农户增收方面的责任，忽略其他方面的社会责任；只重视对大规模种养户的投入，忽视了对小规模农户的帮助。

（三）龙头企业自觉履行社会责任的意识还不强烈

从调查来看，龙头企业社会责任的意识还不强烈。一些龙头企业过分专注于自身发展壮大、扩张规模、占领市场，忽略了社会责任的履行。但是就此断定龙头企业不会有自主贡献社会的意识也过于武断。

四、龙头企业在履行社会责任方面存在的问题剖析

分析河北省农业产业化龙头企业在履行社会责任方面所存在的问题，我们可以发现，龙头企业对社会责任的认识和现有做法与社会要求还存在较大差距。出现这种情况固然存在很多具体的原因，但归纳起来可以划分为农业产业化龙头企业缺乏承担社会责任的内部动力和外部制度建设两方面。

（一）龙头企业缺乏承担社会责任的内部动力

在短期内，龙头企业承担社会责任的确会增加企业的运营成本，并影响企业经营利润的提高。但从长远来看，龙头企业承担社会责任可以实现利益相关者和自身的可持续发展，有助于打造和培养龙头企业自身的社会影响力和品牌，此外，积极承担社会责任有助于协助政府实现社会综合效益的增加，获得来自于政府和社会的各种支持和激励，这些都是龙头企业发展所不可或缺的条件。但是，河北农业产业化龙头企业却缺乏实现社会责任承担的内部动力。

1. 龙头企业没有树立承担社会责任的正确理念

目前，龙头企业没有树立起承担社会责任的正确理念，缺乏对农业产业

化总体战略和自身角色的认识，没有与农业产业化经营行为中的利益相关者形成“风险共担、利益均沾”的经营理念，在企业的经营过程中存在短期化行为，目前普遍存在农业产业化过程中契约不稳定的现象等。调查中发现，很多龙头企业在经营行为中对社会责任中最基本的经济责任和法律责任都无法实现，更谈不上对其他维度社会责任的承担。龙头企业应从更新经营理念开始，改变短视的行为，认清社会发展的形势，在农业产业化战略实施过程中找准定位，树立起可持续发展的理念，在经营行为中根据自身的能力和条件维护利益相关者尤其是农产品生产者的利益，为建立新时期社会主义新农村和和谐社会承担起自己的责任。

2. 龙头企业没有针对自身发展能力建立明确的社会责任目标

树立正确的企业社会责任理念仅仅是龙头企业承担社会责任的必要条件之一，在农业产业化进程中如何切实维护利益相关者的利益需要龙头企业在实际的经营管理行为中根据自身的情况和特点分阶段地设立目标，并逐步履行。调查发现，河北农业产业化中普遍存在龙头企业自身发展能力不强的现象，大多数县域农业产业化龙头企业还处于发展初期，经营规模小、产品结构单一、经济实力弱、辐射范围窄，缺乏抵御市场风险和自然风险的能力。龙头企业资金短缺，缺乏行业竞争力，产业链较短，科技含量不高的问题使其自身的发展受到限制，也直接导致其对承担社会责任力不从心。因此，对处于不同成长阶段的龙头企业，应考虑承担不同维度的社会责任，从经济、法律等基础社会责任做起，先将企业做好、做强、做大，维护农产品生产者等直接利益相关者的利益；在企业发展壮大以后，再继续承担社区建设、慈善资助等更高维度的社会责任。

3. 企业与农户的利益联结关系比较松散

调查显示，企业都会与一些种植基地或养殖场建立长期稳定的供销关系。虽然当地有养殖合作社或蔬菜专业协会，但只有 2 家企业与农户之间由合作社或协会协调相互关系。企业与农户之间供销价格的确定基本上要看市场价格，根据基准价格加浮动比率来确定。市场低迷时，按合同价收购的有 3 家企业；降低收购价格，继续收购的有 1 家。货款结算方式中，7 家龙头企业是现场结算，实行利润返还或二次结算的有 3 家。

但是，大多数企业与养殖场之间的关系还是比较松散的。访谈发现，只有 3 家养殖场的销售渠道是固定的。当原料紧张时，只有 1 家养殖场表示只要这一企业的收购价格基本合理，就卖给本企业。这说明在购销合同条款的约束程度不是很高的情况下，养殖场是否选择遵守合同也是不确定的。总之，在合同式的产业化组织利益联结机制中，公司和农户都没有把对方视为同一个利益共同体内的成员，它们之间的关系还简单地停留在购与销的商品交换关系阶段，二者之间的利益联结机制是松散的。在双方的意识和需求都没有达成一致的情况下，就会产生大量的机会主义行为。

农户的情况也是一样。总的来看，在合同式的利益联结机制中，由于公司和农户都有追求利益最大化的倾向，农民和企业都存在逐利心理，履约意识淡薄。一旦市场价格波动较大，企业和农户之间签订的合同往往无法落实。由于龙头企业与农户利益关联度小，农民需要自行决定产销，价格随行就市，农户要承担生产经营和市场的双重风险，容易造成生产的大起大落，势必影响龙头企业的原料供应。有 3 个养殖户提出，合作社应进一步完善服务体系，实施“一条龙”服务；加强合作社与农户之间的利益联结机制。一些社员对于“龙头企业+合作社+农户”这一模式表示满意，认为有了合作社这个平台，既可以交流技术，又能购买放心的饲料，即使交点钱也是值得的。

从调查来看，目前的养殖业主体类型十分多，大企业毕竟还是少数，数量最多的还是规模养殖户。龙头企业与小农户在交易的成本太高，而中间组织发育又不健全，或者说，能代表小农户利益的合作组织缺乏，使得利益联结机制的建立变得困难。松散型的利益联结机制与这种现状有着直接的关系。

4. 农产品生产者组织化程度不高，弱势地位难以改善

在农业产业化行为中，农产品生产者（尤其是农户），在与龙头企业利益对接中是处于弱势地位的，这也与农业合作社的发展程度不够有关。从调查来看，养殖户对于专业合作社的信赖程度还是比较高，但是，真正农民自己的合作社却发展严重不足。调查的 3 个合作社和了解的合作社不是企业兴办，就是代表规模户、大户的利益，小农户基本上难以参与。多数专业合作组织规模小、功能弱、服务差，未能充分发挥其应有的作用，有的甚至形同虚设。现有的专业合作社、协会等组织多为松散型，与农户的利益联结度不高，这就必然造成多数农户仍然以分散的小生产应对大企业或多变的市场，

农民的组织化程度较低。因此，大力发展农业合作社等专业化组织，提高农户的组织程度，巩固农户在农业产业化进程中的地位，可以有效提升龙头企业社会责任的实施动力。

（二）农业产业化缺乏实施企业社会责任的外部制度建设

外部制度建设也是农业产业化龙头企业承担社会责任情况的一个重要因素。因此，对于龙头企业社会责任承担缺失的原因分析不仅要从农业产业化内部寻找原因，外部制度建设问题也同样值得探究。

1. 农业产业化龙头企业社会责任制度建设缺失

目前，我国已经在很多行业引进了企业社会责任标准和规范，如《SA8000》、《中国企业公民宣言》、《中国企业及工业协会社会责任指南》等，这些标准和行业规范对企业的社会责任提出了相应的要求，但在农业产业化领域中却缺少针对性的制度约束。事实上，目前农业产业化中企业社会责任并不是没有法律法规方面的要求，比如在法律条款方面就有《劳动法》、《合同法》、《环境保护法》、《公司法》等，它们都十分具体地涉及了企业社会责任的不同内容。又如在相关政策层面近几年来我国的"一号文件"，乃至河北省扶持农业产业化龙头企业发展的政策等也在不同程度上涉及了农业产业化龙头企业社会责任的内容，但实践过程中却在很大程度上无法落实，这也反映出农业产业化中缺乏对企业社会责任的针对性制度设置以及社会责任评价、监督激励体系。最终，导致政府对于农业产业化投入了相当大的资金和政策支持，而处于产业链尾端的农户利益得不到有效维护，一些本应由龙头企业承担的如扶贫、慈善等责任由其他行业企业来代为承担的现状，呈现出农业产业化领域龙头企业社会责任缺失的问题。

2. 行业协会等非政府组织缺位

在农业产业化进程中，除政府应加强龙头企业社会责任制度和监督激励体系的建设，缺乏行业组织的引导和规范也是龙头企业社会责任缺失的一个重要原因，这些行业协会既应包括农业产业化中的专业协会，如河间市的国欣棉花研究会、保定的奶农协会等，也应包括对企业经营行为产生影响的工会组织、消费者协会、环保组织和企业社会责任认证组织等。随着企业社会责任运动的普及和与国际的接轨，我国目前已经有多个行业设立了企业社会责任规范，如《中国企业及工业协会社会责任指南》、《中国纺织企业社会责任管理体系 CSC9000T》等，并且这类企业社会责任行业规范均由非政府组织所制定，比如上述两种规范就是分别由中国工业经济联合会、中国纺织工业协会社会责任建设推广委员会制定推广的。目前，河北农业产业化领域中缺乏由龙头企业和农业合作组织共同组成的农业产业化行业组织，也是造成农业产业化龙头企业社会责任缺失的一个外部因素。

五、政策建议

根据对河北省农业产业化龙头企业社会责任的调查分析，我们认识到，只有龙头企业树立正确的企业社会责任观并且外部具有良好制度环境的时候，才能在农业产业化中维护利益相关者的利益，起到承担社会责任的作用。但在对河北的调查研究中发现，农业产业化领域中龙头企业缺乏承担社会责任的内部推动力和外部的制度环境，因此，要想解决河北农业产业化龙头企业中履行社会责任所存在的问题，切实维护农户、农村社区和环境等利益相关者的利益，达到实施农业产业化战略的目的，只有从上述两个方面进行加强。

（一）建立完善的农业产业化龙头企业社会责任制度环境

良好的外部制度环境是实现农业产业化龙头企业社会责任承担的必要条件，也是推动龙头企业树立可持续发展经营理念，达到承担企业社会责任目的的重要手段。针对河北省农业产业化龙头企业社会责任制度缺失的现状，本报告提出以下建议。

1. 建立农业产业化龙头企业社会责任的制度体系

农业产业化龙头企业社会责任制度体系的建立可以从法律和行业规范两个角度开展，不同的利益相关者对企业社会责任的诉求应体现在社会责任制度的不同相关维度责任体系中。围绕国家实施农业产业化战略“推进农业产业结构战略性调整，提高农业生产效益，增加农民收入”的指导思想，重点加强对于经济、法律维度的社会责任要求，同时兼顾农业产业化中道德、慈善维度的社会责任。将其他法律、法规中涉及农业产业化龙头企业社会责任的条文、规定纳入到制度建设中，使之成为一个完整的体系，如关于农业产业化利益联结中契约稳定性的合同保护的规定，关于公司经营行为中劳动保护、经济责任的《公司法》中的相关规定，关于企业行为对环境的外部性的《环境保护法》中的相关条文，等等。

在农业产业化龙头企业社会责任制度建设中应体现以下几个原则：①政府法规和行业规范并重的原则。②硬性规定与软性约束兼顾的原则。③企业发展和责任承担统一的原则。在制度设立过程中应以政府为主导，行业组织积极参与的形式为主。政府出台农业产业化龙头企业社会责任的基本政策和指导思想，吸取来自行业组织的不同要求。同时在具体制度规定中应体现出不同维度社会责任的差别，对于农业产业化中必须履行的社会责任应以法律条文的形式出现，而不适合以法律条文明确规定的则应以软性约束的形式出现。此外，应根据龙头企业的自身条件和发展阶段设立农业产业化龙头企业社会责任的相关要求，不能采取“一刀切”的方式，避免龙头企业负担过重的现象发生，使企业在承担社会责任的同时可以实现自身的发展。

2. 建立有效的农业产业化龙头企业社会责任评价、监督激励体系

政府对企业承担社会责任情况的有效监管对龙头企业社会责任的承担情况有着重要影响，因此，在相关制度设立以后，还应建立完善有效的监管体系。目前国内较为流行的企业社会责任报告发布机制就是一个很好的参考范例。此外，还可以采取在龙头企业中设立社会责任监察员的模式，监察员应独立于龙头企业的经营管理体系，应以能代表农户、社区、环境等利益相关者的人员为主，具体形式可以参考公司治理中独立董事的模式。在实践过程中，对于农业产业化龙头企业社会责任的评价和监管应因地制宜，以实际效果为参考标准。

此外，监督激励机制的有效性和长期性也是农业产业化龙头企业社会责任有效履行的一个必要条件。针对龙头企业自身发展能力不强，在企业成长阶段多依赖政府的政策和资金支持等现实情况，对农业产业化龙头企业社会责任的监督激励机制应从税收、融资、产业准入等方面入手，将对龙头企业的支持与其社会责任承担情况挂钩，从经济、政策等各方面约束其行为，激励与惩罚手段并重，在激励机制设定合理和长期性得到保证的情况下，相信

会使目前农业产业化龙头企业社会责任缺失的现象得到改观。

3. 采取有效措施促使行业协会组织发挥作用

行业协会等非政府组织是除政府以外可以对企业经营行为产生影响的重要力量。河北省在农业产业化龙头企业社会责任制度环境的建设过程中，行业组织的作用不可忽视。以本报告的分析来看，可以影响农业产业化龙头企业社会责任的行业组织存在两种类型：第一种类型是如工会、消费者协会、环保组织等针对企业社会责任某一领域产生影响的行业组织；第二种类型是针对农业产业化龙头企业社会责任所设立的非政府认证或推动机构，这种类型的行业组织目前在河北农业产业化领域内是空白的，可以由各地的专业协会在政府引导下成立。对于第一种类型的行业组织，必须采取相应的政策或法律手段推动其在农业产业化龙头企业社会责任领域发挥实质性的作用，如避免龙头企业间恶性竞争等；而对于第二种类型的行业组织，政府应采取引导的手段在目前现有农业合作社或专业合作组织的基础上建立，同时推动龙头企业参与进来，使其切实发挥出推动河北农业产业化龙头企业社会责任的作用。

（二）增强农业产业化龙头企业内部承担社会责任的动力

1. 树立龙头企业承担社会责任的理念

改善农业产业化龙头企业社会责任缺失的状况离不开企业社会责任理念的树立，作为承担企业社会责任主体的龙头企业尤其应该将企业社会责任作为自身经营理念的组成部分，将企业社会责任承担评价标准作为企业战略决策和经营管理的重要考量因素。龙头企业承担社会责任的理念至少应包含以下几方面内容：一是承担企业最基本的经济责任和法律责任。龙头企业作为农业产业化战略中带动发展的“龙头”，其自身的发展关乎整个战略实施的成败，因此，龙头企业应在可持续发展理念的指导下努力发展壮大，提高自身的竞争力和带动能力。此外，还应保证经营活动符合法律、法规的要求，包括国家法律法规、监管规定、行业行为规范以及更广义的诚实守信和道德行为的准则。二是将农业产业化战略目标作为自身经营活动的指导，维护参与农业产业化经营的利益相关者的利益，比如采取有效措施提高农业产业化中契约的稳定性，实现和农产品生产者的双赢，此外还应包括对内部员工的责任和对消费者的责任等。三是积极承担对农村社区和环境的责任，在自身能力允许的情况下，为农村社区的发展做贡献，比如培育新型农民、促进农村劳动力转移、投资支持农村基础设施的建设改变农村面貌等，此外还应尽量减少对环境的影响，如采用环保型生产技术、参与有机农产品开发等。树立明确的企业社会责任理念有助于规范龙头企业在农业产业化经营的行为，使之符合农业产业化企业社会责任的制度要求，有助于农业产业化企业社会责任的实现。

2. 通过各种渠道加强对农业产业化中龙头企业社会责任的宣传

加强对企业社会责任的认识，不应仅限于龙头企业方面，农业产业化经营行为中所涉及的各种利益相关者都应对农业产业化中的企业社会责任有所了解，并明确自身在农业产业化企业社会责任体系中的定位。对于龙头企业来说，应开展加强承担企业社会责任的培训，使企业的管理者理解农业产业化企业社会责任的内涵和龙头企业承担社会责任对自身发展的重大意义；而对于农业产业化中的利益相关者，特别是农产品生产者，政府应针对不同的人群采用不同的宣传方式和宣传内容，明确自身在农业产业化领域中的利益范围和保护手段。此外还应让各方加深对农业产业化战略意义的理解，明确农业产业化今后的发展方向，促使各方能够围绕农业产业化的总体实施意图加强交流和合作，在实践中共同解决农业产业化龙头企业社会责任中的问题，减少社会总成本的浪费。

3. 完善利益联结机制，改变农户弱势地位

农户在农业产业化利益联结机制中始终处于弱势地位，导致自身的利益诉求无法得到满足。农业产业化的战略意义决定了维护农户利益应是农业产业化行为的基本要求之一，但目前的利益联结机制却无法满足这一要求。因此，在进行相关制度建设的同时也应对目前农业产业化中的利益联结机制进行调整，使之能够达到维护农户利益的要求。在农业产业化的现有利益联结机制中，可以考虑提高农业合作社的组织程度，并采取农业合作社与龙头企业合作或参股联营来改善农户弱势地位的模式。此外，也可以考虑龙头企业提供资金支持提高农业合作社组织化程度的形式，龙头企业的资金作为专用性资产可以用于生产资料购置等不可回收的项目上，以期提高农业产业化中龙头企业对社会责任的承担动力。

附录 5　内蒙古农业产业化龙头企业社会责任调研报告

改革开放以来，尤其是 21 世纪以来，随着人民消费水平的提高、消费结构的改善和消费意识的转变，我国的奶业得到了飞速发展。截至 2007 年底，我国牛奶产量达到 3525.2 万吨，与 2001 年的 1025.5 万吨相比，增长了 243.75% ，年均增长 23.24%。据 IDF 资料，2007 年我国奶类产量居世界第三位，奶类增长的 30.1%来自中国。奶类消费持续增长，截至 2007 年全国城乡居民人均奶类消费达到 17.77 公斤，比上年增长 5.65%，比 2001 年增长 124.27%，年均增长 14.82%。乳品加工能力不断增强，2007 年我国规模以上乳品企业产值 1329.01 亿元，比上年增长 23.72%。奶业也是比较容易实现农业产业化的产业，具有产业链紧密结合的特点。从饲草种植到奶牛养殖再到乳品加工实施种养加"一条龙"、产供销相结合的经营模式，能够保证产品的质量安全。同时又在带动农民参与产业化经营、增加农民收入、调节农村经济结构、发展农村经济方面起着重要作用。其中乳品企业是典型的农业产业化的龙头企业，在农业产业化中扮演着重要角色。随着乳品产业的发展，乳制品的质量安全问题也越来越受到重视。从前些年发生的广州"结合奶、有抗奶"事件到"阜阳劣质奶粉"事件，尤其是 2008 年下半年发生的"三聚氰胺"事件暴露了乳制品生产环节中的弊端和问题。因此，奶业产业化龙头企业如何履行好社会责任，关系到千万农户增收的问题，也关系到乳制品质量安全问题。本调查的研究重点就是关注奶业产业化龙头企业在产业链上如何做到带动农户增收、保证质量安全以及履行其他社会责任。

内蒙古自治区的奶业在全国具有举足轻重的地位。截至 2007 年底，全区奶牛存栏头数 251.23 万头左右，占全国的 17%，鲜奶产量 909 万吨，占全国的 25%。全区乳品加工企业净利润为 19.98 亿元，占全国的 25%。其中呼和浩特市和包头市奶产量占全区奶产量的55%。农牧业产业化乳品产业规模以上加工企业数量占全区的25%。企业总资产、销售收入、利润总额等指标，呼和浩特市均占70%以上，呼和浩特市和包头市两地基本占80%以上。呼和浩特市和包头市农牧业产业化的乳品加工企业比较集中，加工能力比较强。2007年全区乳品龙头企业带动农户数达到79万户，其中86%是由呼和浩特市和包头市两地的乳品企业带动的（见附表5.1）。2007年位于呼和浩特市的蒙牛和伊利两大乳品企业销售收入分别达到213.18亿元和193.59亿元，居全国乳品行业第一和第二位。

附表5.1　2007年呼和浩特市包头奶产量与奶业产业化规模以上加工企业经营情况

	奶产量		企业个数		总资产		销售收入		利润总额		带动农户数	
	万吨	%	个	%	亿元	%	亿元	%	亿元	%	万户	%
全区	916	100	84	100	171	100	423	100	23	100	79	100
呼和浩特市	370	40	9	11	129	75	332	78	16	70	65	82
包头市	135	15	12	14	13	8	23	5	2	7	3	4
合计	505	55	21	25	142	83	355	84	18	78	68	86

因此，本次对奶业产业化龙头企业的调查，选择了呼和浩特市和包头市作为调查对象，具有典型性和代表性。在呼和浩特市选择了一家企业，在包头市选择了两家企业，分别是内蒙古伊利实业集团股份有限公司、内蒙古骑士乳业股份有限公司和内蒙古懋菲蒙乳业股份有限公司。调查走访了这3家企业及其产业链上的1家奶联社、1个养殖小区、1个私人养殖场、2个奶站和20个奶农，并与政府相关部门举行了座谈。

一、被调查对象的基本情况

（一）企业

被调查的三家企业都是国家级农业产业化龙头企业，但是规模效益大不相同。内蒙古伊利实业集团股份有限公司是中国乳品行业的领导者，是国家

520 家重点工业企业和国家八部委首批确定的全国 151 家农业产业化龙头企业之一。2008 年总资产达到 117.8 亿元，在册职工人数 16484 人，产品品种 1000 多种，销往全国各地及部分出口。2008 年主营业务收入为 215.38 亿元。2007 年营业利润为 10639.2 万元，2008 年受“三聚氰胺”事件重创，利润总额为-19.5 亿元。内蒙古骑士乳业股份有限公司是规模较大的综合性乳品企业。资产总规模为 1.2 亿元，在册职工人数 230 人，生产奶酪、奶粉、酸奶、乳饮料、巴氏奶、冰淇淋 6 种产品，产品主要销往内蒙古西部地区和山西北部地区。2008 年销售收入为 3400 万元。2007 年利润总额为 400 万元，2008 年利润总额仅为 137 万元。内蒙古懋菲蒙乳业股份有限公司总资产 4000 万元，在册职工人数 530 人，但是在岗职工人数仅为 180 人。只生产巴氏奶和优酸乳两个品种，产品销往包头市、鄂尔多斯市及大同市。2008 年销售收入为 2600 多万元。2007 年利润总额为 220 万元，2008 年利润总额下滑为 150 万元（见附表 5.2）。

附表 5.2　三家企业规模和效益情况

		伊利	骑士	懋菲蒙
总资产（亿元）	2008 年	117.8	1.2	0.4
在册职工（人）	2008 年	16484	230	530
产品品种		1000	6	2
产品销售区域		全国各地及部分出口	内蒙古西部地区、山西北部地区	包头市、大同市、鄂尔多斯市
销售收入（亿元）	2008 年	215.38	0.34	0.26
利润（万元）	2007 年	10639.2	400	220
	2008 年	-195564.3	137	150

（二）养殖场

本次调查走访的养殖场包括 1 个奶联社、1 个养殖小区、1 个私人养殖场。

内蒙古奶联科技有限公司是内蒙古自治区农牧业产业化龙头企业，成立于 2004 年 6 月 11 日，注册资本 2255 万元，现资产总额 1.3 亿元左右。公司在借鉴奶业发达国家经验的基础上，创建了适合中国国情的奶牛养殖合作化模式——“奶联社”。公司下设 3 个牧场，其中，位于呼和浩特市土默特左旗兵州亥农业开发区的第一示范牧场，被评为“伊利·2008 年北京奥运会特供奶”原奶生产基地。牧场占地面积300亩，现有职工20多人，有1000多头奶牛和600多头后备牛。

伊利第六牧场园区是伊利的学生奶奶源基地。牧场园地占地700亩。有饲养50~100头奶牛的大户型单元牧场46个，10~20头的小户型牧场32个。牧场园区总投资额2000万元，设计饲养规模4000头奶牛。

土默特左旗察素齐镇瓦窑村养殖场属于私人养殖场。2007年8月动工，2008年9月正式投产，投入700万元，占地150亩，饲养奶牛300多头，有150多亩的饲料基地，雇工15人。生产的牛奶主要提供给伊利。

(三) 奶站

本次共走访了2家奶站，分别为内蒙古骑士乳业股份有限公司的土合气奶站和内蒙古懋菲蒙乳业股份有限公司的奶业公司草原队奶站。土合气奶站投资50万元，有14个挤奶器，雇工3人，约100头牛在此挤奶，每天挤奶约2吨。草原队奶站投资45万元．有12个挤奶器，80~90头牛在此挤奶，每天挤奶约1.5吨。

(四) 农户

本次共走访了20家奶农，其中伊利第六牧场园区3户，土左旗榆林村3户，奶业公司草原队奶站7户，土合气奶站7户。养牛业投入户均20万元，其中11万元用于购牛款。户均养殖规模为20头牛，其中成年母牛12头。户均劳动力数3人，其中83%为专业养殖人员。

二、龙头企业履行社会责任的基本情况

(一) 推动奶源基地建设

“得奶源者得天下”，奶源基地建设是龙头企业的一项主要工作。在过去很长时间内，奶牛饲养模式为“小规模散养”，这种模式的牛奶产量和质量

都比较低，而且奶农的收益没有保障，无法适应快速发展的乳品企业对牛奶的需求。因此，龙头企业将奶源基地建设作为一项重要工作来进行。奶源基地主要有以下四种模式：

1. “公司+农户”模式

这种模式是指“分散饲养、集中挤奶、优质优价、全面服务”。它使企业与农户形成了相互依托的关系，提升了原奶质量，并形成了以农养牧、以牧促农的良性循环；实现了自动化挤奶方式，还使原奶质量大幅提升，极大地提高了奶农饲养能力和收入水平。“一方出资，多方受益”的正规化道路，对于企业来说解决了奶源紧缺的问题，对于农户来说解决了产量低、质量差、效益低的问题。

2. “公司+牧场小区+农户”模式

这种模式是指“集中饲养、集中挤奶、科学管理、统一防疫”。它克服了“公司+农户”模式的饲养技术落后、投入高产量低、疫病发生率高等缺点，在使奶牛产量增加、疫病发生率下降的同时，还使奶农的劳动强度大大降低，并且扶持了一大批个体牧场、养殖小区和牧场园区。

3. “公司+规范化牧场园区”模式

这种模式是指“人畜分离、科学饲养、统一管理、统一挤奶、统一防疫”。它提高了牛奶产量和质量，实现了奶牛饲养业向科学化、规范化、集约化、现代化经营模式的转变。

4. “公司+合作社+农户”模式

这种模式是指“入社自愿、退社自由、民主管理、自主经营、利益共享、风险共担”。它可以为社员提供技术咨询、资金协调、科普宣传、疫病防治等服务，引导社员科学管理和规范喂养，同时负责统一收奶、统一验质、统一交售，从而进一步打通农户与企业之间的渠道，保证高品质原奶的稳定供应。

奶源基地的建设，一方面保证了企业的高品质、安全的稳定奶源，另一方面提高了奶农的经济效益，使奶农的收入得到保障。

（二）带动农户增收

奶业产业化龙头企业在以下几个方面带动了农民增收：

1. 调整产业结构

乳品企业的发展，尤其是伊利、蒙牛等大型乳品企业的发展壮大，使当地产业结构发生变化，为地方经济发展作出了巨大贡献。奶业已成为内蒙古集约化水平和产业化程度较高、发展前景最好的朝阳产业。2001~2007 年连续 7 年以 40%以上的速度发展，当地原来以种植小麦为主要收入来源，当时只有 7000 多户养奶牛，而现在农民的主要收入来源是养奶牛，70%的收入来自奶业。

2. 提供资金设备

企业为奶牛养殖单位提供相关设备。如伊利为奶联社提供挤奶设备等，骑士也为奶站提供挤奶器、储奶罐等设备。

企业还为奶农提供贷款和风险基金等资金支持。如伊利以滚动的方式累计向农户发放购牛借款近 20 亿元，设立风险基金一次性投入 2000 多万元。骑士也为农户提供贴息贷款。

3. 签订购销合同

企业与奶农签订购销合同。合同中对牛奶的收购价格、结算方式等做了明确规定。合同收购价格稳定，不受市场及季节的影响，解除了奶农的后顾之忧。伊利为每个奶农设立了银行账户，定期将奶款拨到相应账户。近几年，伊利集团用于收购原奶的奶款累计达到 230 多亿元。当懋菲蒙收奶量下滑时，它与骑士集团协商，由骑士加工部分奶牛，以保障奶户的牛奶销路和收入。牛奶收购价格跟着伊利蒙牛等大企业，跟涨不跟跌，为农户提供了价格保障。收购牛奶时根据检验结果实行“优质优价”，鼓励奶农饲养良种牛、出优质奶的积极性。

4. 让奶农参与入股分红

奶农可以通过以牛入股的方式得到分红。奶农将牛交给养殖场、牧场或者奶联社，牛的所有权与经营权分离，定期（一般是一年）分得一定的红利。如骑士牧场的奶牛一部分是公司自有的，一部分是奶农入股的，一头奶牛一年分红 2000 元，连续分红 30 年，所产牛犊归公司所有。而加入奶联社的奶农把奶牛交由奶联社进行饲养。在入社初期，对牛进行评估，确定使用年限，然后以评估价为准，按照年限均额返还给奶户，最后奶牛的残值交由奶户进行选择。

（三）保证质量安全

乳制品质量安全意义重大，屡次发生的乳制品质量事故表明，乳制品质量安全不仅关系到广大消费者的身体健康和生命安全，也关系到企业的生死存亡。因此，龙头企业将保证产品质量作为头等大事。

1. 从源头控制质量

龙头企业为了保证产品质量，力争做到从源头控制质量。企业通过建设奶源基地，对原奶生产的各个环节进行管理，确保了原奶质量稳定、品质优良。并且很多企业为牧场和奶农提供统一的饲料或者饲料配比，以保证产出高产优质的牛奶。

2. 提供技术服务

龙头企业为奶农提供技术推广、培训等服务，使奶农掌握先进的饲养管理技术，从而提高牛奶产量和质量，增加农民收入。如伊利集团每年投入500多万元，用于奶农的技术服务设备、新技术推广、培训、示范户建立及服务人员开支等，建立了强有力的技术服务体系，开设了配种改良、兽药配备、饲料饲喂、疫病防治等“一条龙”服务项目，共提供奶牛防疫补贴一次性投入2000多万元。而骑士、懋菲蒙也为奶农提供饲养方式、挤奶方式、清扫方式等的培训。目前奶农清扫牛舍每天基本在2次以上。

3. 产品质量控制

龙头企业采用新设备和标准化管理体系，以实现产品的质量控制。如伊利在呼和浩特建成了亚洲最大的乳制品生产基地，工业园占地300多亩，拥有18条生产线，日处理鲜奶能力1800吨，所有设备和工艺技术分别来自德国、丹麦、瑞典和日本，均为国际一流水平，实现了从收奶、标准化、无菌灌装、机械手包装及出库的工业全自动化控制。骑士则拥有国内领先的现代化奶粉生产线，奶粉包装车间采用符合GMP标准的10万级洁净车间，还引进丹麦APV公司的全套奶酪生产线及奶酪生产技术。

在质量管理体系方面，伊利以ISO9000质量管理体系为主线，建立了全面质量管理体系，分别引入并整合了ISO22000食品安全管理体系、ISO14001环境管理体系和OHSAS18000职业健康安全管理体系。骑士通过了ISO9001-2000国际质量管理体系和ISO22000-2005食品安全管理体系认证。

（四）环境保护

作为农业产业化的龙头企业，在环境保护方面既要做到和一般工业企业一样的“三废”污染的治理，同时也要注意保护农业生态环境，这是其特色。

1. 减少污染

乳品加工企业的“三废”污染不是很严重。几家龙头企业也都比较注重环境污染的治理。如伊利先后投资 1800 多万元建设和扩建了污水处理厂，采用最新的厌氧技术处理污水，处理后的出水达到国家污水综合排放一级标准。经处理后的废水为下游乌苏图沟两岸数千亩农田提供了约 300 万吨的灌溉水源，污泥、浮油渣经添加搅拌处理后，为呼和浩特北部山区的荒山绿化提供了 4000 余吨的优质化肥。骑士投入了 60 多万元，购买了锅炉除尘设备，改善了环境质量。懋菲蒙也通过采用新的设备（投入了近 40 万元）改善环境质量，做到了污水设备改造和资源循环利用。

2. 退耕还牧、还草

奶牛养殖量的增加，拉动了当地饲草业的发展。在龙头企业的带动下农民纷纷退耕还草，仅呼和浩特附近的一个村，退耕还草的土地就达到 5000 亩。奶农们不仅改变了以往单靠种植农作物为生的生存方式，还走上了“种草—养牛—卖奶”、“养牛—牛粪还原土地—种草”的良性循环之路，同时也保护了乳品行业赖以生存的奶源的持久发展。

（五）公益事业

龙头企业根据其实力参加一定的公益事业。如伊利为社会公益事业累计投入资金近 6 亿元，主要关注推行健康与环保、支持教育事业、支持文化体育事业、支持农村建设等。骑士在汶川地震后捐款 10000 元，并发动职工捐款 35000 多元。懋菲蒙在 1998~2006 年，为包头市交通警察每年无偿提供 6 万~7 万元的鲜奶和乳酸饮料；为养老院的老人每星期无偿提供 120 斤鲜奶；汶川地震后，企业号召职工捐款近 30000 元。

三、龙头企业履行社会责任面临的障碍

（一）产业链方面

1. 大企业和小农户发展不协调

虽然“公司+牧场小区+农户”、“公司+规范化牧场园区+农户”、“公司+合作社+农户”等公司与农户合作的新型产业化模式已经出现并显现出强大的生命力和活力，但是目前龙头企业与农户联结方式仍以“公司+农户”模式为主。

呼和浩特市集中养殖（小区、牧场）约占整个奶牛养殖头数的30%，包头市集中养殖（小区、牧场）约占整个奶牛养殖头数的40%。20头以上养殖户占的比例较少，10头以下的养殖户占绝大多数。在调查到的20户奶农中养殖规模在20头牛以上的有5户，占农户数的25%；10头以下的有8户，占农户数的40%。

企业饲养方式落后，单产水平低。精饲料以玉米为主，粗饲料以玉米秸秆为主的现状仍未根本性改变，特别是散养户精饲料投入不足且配比不合理，青贮、黄贮少，不能最大限度满足奶牛的营养需要。管理粗放、人畜混杂、环境污染的状况普遍。

养牛业在种植业和养殖业当中，属于科技含量很高的产业。对养殖人员的文化程度和素质有很高的要求。在美国，奶牛养殖需要有资格证书，而我国目前奶牛养殖人员素质普遍低下。在调查的农户劳动力当中，有44.4%是初中文化水平，24.1%是小学文化水平，14.8%是高中文化水平，还有9.2%是文盲，仅有7.4%是大专文化水平。奶农对牛奶质量的要求还不够清楚。当问到企业收购牛奶时检验哪些指标，有7人答不知道，有4人只答了1~2个指标，有8人答了3~4个指标，只有1人答了6项指标。

乳品企业日益向专业化、规模化、现代化迈进，对奶源质量、产量的要求也越来越高。企业正在逐步发展现代化牧场，散养农户必定会一步一步被淘汰。将农民排除在养牛业之外，这又与产业化的初衷相互矛盾。

2. 奶牛养殖效益低下

近年来，奶牛养殖成本一再上升。2007 年占奶牛养殖成本近 70%的饲料上涨了 20%，如豆粕从 2006 年的 2500 元/吨上涨到 3900 元/吨。玉米由散养户 1450 元/吨上涨到 1640 元/吨。根据包头市数据，2008 年，饲草料价格又比 2007 年上涨了 30%左右，由原来的 1800 元/吨上涨到 2300 元/吨。

牛奶价格在 2008 年上半年比 2007 年上涨了近 50%，但是下半年受到"三聚氰胺"事件的影响又有所下降。散养户的牛奶销售价格在 2007 年为 1.7 元/公斤，2008 年上半年达到 2.6~2.8 元/公斤，2008 年下半年以后基本上为 2.4 元/公斤。养殖户的牛奶出售价格根据牧场、养殖小区和散养户有所不同（见附表 5.3）。

附表 5.3　2009 年 7 月牛奶价格

单位：元/公斤

奶联社	第六牧场园区	黄河奶牛场	骑士		瓦窑村养殖场	散户
			小区	散户		
3.2	2.8	2.4	2.8	2.4	2.6	2.4

由于成本的提高和价格的不稳定，导致多数养殖户收益减少，养殖户普遍反映维持经营面临巨大困难。调查到的奶牛养殖户成本收益情况如附表 5.4 所示。成本包括固定成本折旧、自繁殖牲畜及自产饲料、购买的牲畜及饲料、配种、卫生防疫、雇工及其他，收益包括销售牛奶收入和出售牛犊收入。此时每头奶牛的利润仅为 1389 元，如果不计算固定成本，那么利润为 1812 元；如果不计算自繁牲畜和资产饲料，则利润为 2685 元。注意这里并没有计算人工成本，只计算了雇工工资。

附表 5.4　奶牛养殖成本收益

单位：元/头

	总计	不包含固定成本	不包含自繁殖牲畜
成本	7670	7247	6374
收益	9059	9059	9059
利润	1389	1812	2685

3. 企业和农户的利益联结不够紧密

龙头企业和农户之间，尤其是占总数60%~70%的散养户之间的利益联结关系是比较松散的。调查的20户农户都与企业有长期合作关系，但是签有书面合同的仅有6户，这其中还包括3户为牧场园区的农户。因此，他们的合作多数没有法律效力，没有相应的责任和义务，不能互相约束。牛奶收购价格是企业说了算，奶农没有讨价还价的权利，只能被动地接受价格。“三聚氰胺”事件之后，企业面临经营困难，发生了拖欠奶款，以及提高质量检验要求，压级压价和拒收牛奶，甚至关停奶站等现象。导致奶农多次倒奶杀牛事件的发生，挫伤了奶农的养牛积极性。有一半的农户反映企业不能按照约定支付奶款，其理由主要为拖欠货款，还有压级压价和拒收。奶源紧张时有11家农户认为还是应该按照协定卖给原企业；有5户认为即使想卖给出价高的企业也不现实，因为附近就这一家奶站，出于方便考虑还是应该卖给原企业；还有2户认为应该有诚信，因为与原企业有长期合作关系；另外2家认为如果原企业出价高还是会卖给它。入股农户也没有二次分红。因此，在企业和农户的合作中，农户明显地处于被动和弱势地位，企业处于主动和强势地位，没有平等的关系，利益联结也就不够紧密，从而无法实现“风险共担、利益共享”。

4. 对奶站监管不力

当地基本实现了奶站统一挤奶、送奶，奶站成为原奶来源的关键环节，对原奶质量安全起着至关重要的作用。奶站有四种形式：第一种是企业自己的奶站，第二种是牧场（企业的牧场和私人养殖场）的奶站，第三种是合作社的奶站。这三种基本每种占10%，共计30%，而剩下的70%就是第四种形式——私人奶站。

奶站与乳品加工企业的利益联结机制尚未建立健全。虽然基本上实现了机械化挤奶，但是奶站数量多，多数奶站收购量小，规模效益差。在与奶农的利益分配方面，在鲜奶价格确定上不能完全体现优质优价。更有不法分子在牛奶中添加其他添加物，引发了乳品质量安全事故，“三聚氰胺”事件就是典型的例子。“三聚氰胺”事件发生后，对私人奶站进行整合存在困难。因为首先奶站基础设施，特别是奶站的建筑物和挤奶设备的整合困难。其次是奶牛养殖向养殖小区集中，是奶业发展的方向，与奶站整合进程是关联的，存在着散养奶牛向养殖小区集中、养殖场地、基础设施、饲草料地进一步建设的困难。最后，由于奶站整合存在困难，因此企业强行关停部分奶站，形成矫枉过正，对奶农伤害极大。

奶站的质量检测也不严格。目前，牛奶的质量检验基本都是在企业进行，奶站没有严格的质量检验手段和工具，只是依靠气味、颜色等经验判别，然后留存奶样。当地还实行检举机制，由奶户间相互监督牛奶质量，并负责部分赔偿。到企业再进行详细检验，如果发现质量问题就会拒收。因此，没有质量问题的牛奶也会遭到拒收。

（二）企业自身方面

1. 企业提供的技术服务不到位

企业提供的技术服务主要局限于技术培训。培训内容为饲养方式、挤奶方式、清洁方式等，培训形式为集中到奶站进行简短的讲解，并没有发放小册子或者是入户手把手地进行培训，几乎没有对农户提供过具体的技术服务。伊利等大型企业也曾集中养殖大户，联合内蒙古农业大学专家进行过短期的技术培训，不过能够参加这种培训的也只是少数的农户。

“三聚氰胺”事件后企业基本上提供统一的饲料，但是并没有提供统一的饲料配比，饲料配比基本上由农户根据自己的经验进行判断。并且部分农户对企业提供的饲料并不看好，他们当中认为企业推荐的饲料质量信得过、认为固定牌子应该符合质量安全的、不太清楚饲料质量以及认为饲料质量一般或不好的各占 1/4。

2. 企业自身能力存在局限

企业自身由于资金等问题，在履行社会责任方面存在压力。

伊利作为一个大型龙头企业，在履行社会责任方面投入了很多资金。每年投入基本达到 10 多亿元，这为企业带来了很大压力。尤其是在 2008 年金融危机和“三聚氰胺”事件的双重压力下，更增加了企业的负担。懋菲蒙这样的企业由于转制不彻底，在册职工 530 人，在岗职工仅 180 人。企业负担在册职工的社会统筹、养老保险和最低生活保障等，造成企业资金占用、周转困难、生产设备老化、加工能力减弱，在目前乳制品市场激烈竞争的环境下生存艰难，在这样的条件下履行社会责任就更加困难了。骑士也认为在产业链建设方面投资太大，精力有限。

3. 不同规模企业对社会责任的理解不同

龙头企业对社会责任的理解和履行情况因其规模和实力而有所差别。

2007 年 7 月，伊利集团在食品行业率先推出《企业公民报告》，被认为给中国食品行业的社会责任履行和公信力打造提供了一个标准的模板。在《企业公民报告》中提出：伊利集团立足长远的和谐，力争做优秀企业公民，在保持稳健、健康发展的同时，关注员工、股东、合作伙伴、消费者、环境和社会责任，因为伊利集团始终坚持“社会价值高于商业利润，安全与健康大于物质财富”的价值理念。伊利具有很强的社会责任意识，伊利企业文化的责任观强调责任重于泰山，责任没有终点。伊利正在实现由“业绩导向”向“责任导向”转变，建立并强化经济责任、社会责任和环境责任的理念体系。将责任理念融入企业管理、运营和决策中。在经济发展过程中，伊利力求更加注重经济业绩、社会业绩和环境业绩的平衡发展，并清楚地认识到重视环境保护、积极承担社会责任是未来行业发展的趋势。

骑士对社会责任的理解是：企业最大的社会责任就是首先把企业做大做强，给社会创造更多的就业机会，把企业经营好，依法缴税，同时注意保护环境。

懋菲蒙对社会责任的理解是：保证产品质量安全和食品安全；在生产经营过程中尽量减少危害。企业的发展离不开社会的支持，回报社会义不容辞，只是目前尚属勉强生存阶段，谈不上发展。

规模大的企业（如伊利），已经开始有意识地履行社会责任，并做了很多工作。小规模的企业在履行社会责任方面也做了一些工作，但是社会责任意识并不是很强，他们认为目前重点还是应该将企业发展壮大，履行社会责任并不是最主要的或者是力所不及的，对社会责任的认识也不是很全面。

（三）政府方面

近年来，地方政府相关部门大力扶持奶业产业化建设，主要包括：落实补助资金 13344 万元，对享受奶牛良种补贴改良后的优质后备奶牛每头给予一次性补贴 500 元；大力推进标准化养殖小区建设，并提供土地等优惠政策；与保险公司合作，实行奶牛保险，每头奶牛保费 400 元，财政出 320

元，农民自己出80元；鼓励企业提高自主创新能力等。但是在龙头企业社会责任的监督执行方面仍存在很多不足，主要体现在：

1. 企业履行社会责任的意识不强

在访谈中了解到，政府部门对企业社会责任的认识不足，认为目前探讨企业社会责任为时尚早。尤其是对于一些中小型企业来说，首要问题还是企业效益的提高，才能带动农户增收。

2. 对市场没有规范

奶业市场没有法律法规进行规范，属于无序竞争状态，因此导致了行业内部的恶性竞争，企业之间抢夺奶站奶源比较严重。内蒙古地区乳品加工企业数量近年急剧上涨，规模以上加工企业从几年前的70多家发展到现在的100家，很多企业没有奶源基地，哄抢奶源。

在价格机制方面，虽说执行"优质优价"，但存在企业擅自压级压价的情况，对奶农造成伤害，而政府并没有形成对价格形成的监督指导机制。

3. 奶业服务体系不健全

防疫物资、服务措施、服务场所缺少科学化、标准化，技术服务队伍不稳定，业务素质有待提高。各级奶协作用发挥不明显，不能有效地把奶农组织起来，去协调解决发展中出现的问题，只是提供一些技术服务。

4. 质量监督管理力度不够

屡次发生的乳品质量安全问题暴露了政府对乳制品质量监督管理的漏洞。

首先，作为质量安全源头的饲料的加工和销售过程无人管理。饲料市场混杂，销售手段多样化，无商标饲料、劣质饲料的情况时有发生，影响乳业发展，威胁乳制品安全。其次，质量检测的指标体系不合理。如蛋白含量在南、北方或冬季和夏季都存在差别，只用同一个标准不科学、不合理。再次，乳品企业及养殖人员没有从业门槛。奶牛养殖及乳品加工是高科技产业，需要具有一定的文化技术水平，但是目前这个行业没有入门标准，任何人都可以从事，导致了养殖人员素质低、乳品企业低水平重复建设的状况。最后，缺乏应对危机的经验。在突如其来的"三聚氰胺"事件中，采用"矫枉过正"式的方法，挫伤了农民的积极性。

5. 政府没有承担相应的社会责任

目前，社会责任只是由企业去承担。其中质量安全是首要的社会责任，理应由企业承担。但是奶源基地建设、推广养殖技术等工作需要很多的财力物力，如果完全由企业去做，即使像伊利这么大的企业也感觉压力非常大。而政府在这方面的扶持明显不足。

四、政策建议

（一）推进规模化养殖

发展标准化养殖小区（牧场）、做到统一规划建设、统一技术措施、统一疫病防治、统一机械挤奶、集中统一管理，进行标准化养殖。“三聚氰胺”事件表明，散养户和私人奶站是质量安全管理中的薄弱环节和主要漏洞。去年下半年在席卷整个乳品行业的“三聚氰胺”事件中，北京三元能够独善其身，主要原因之一就是其80%以上的奶源来自自己的牧场。

规模化养殖不论是在原奶质量、养殖技术还是在生产效益、抵御风险能力方面与散养户相比都具有很强的优势，规模化养殖的现代牧场才能与现代化企业相匹配。因此，大力推进规模化养殖是奶业发展的必然趋势。

在推进规模化养殖时可以有多种方式，如企业自建、养殖大户自建方式，同时还应该鼓励奶农建立联合入股的合作社形式的养殖场。分散的农户只有联合起来，成立合作社，才能够壮大自身实力，在与企业的对话中处于平等地位，从而得到合理的利益分配。

政府应引导乳品企业树立把奶源基地作为企业第一生产车间的理念，落实国家相关政策，明确企业和养殖小区实现订单生产，巩固和完善“企业+基地+农户”的联结，逐步建立起风险共担、利益共享的产业化联结机制。

（二）提高质量安全管理

政府部门要出台奶业管理的行政法规和地方性条例，依法管理奶产业。制定饲草饲料的质量标准和市场准入制度，原奶的质量标准，乳制品的行业标准或地方标准，饲养、挤奶、收奶、储运等环节的质量标准、卫生标准和监管制度等。在此基础上，由政府制定专门的机构进行依法监督管理，对产品质量进行第三方检验。

加强对奶站的监管力度。在奶站应该增加检测环节，保证牛奶入罐时就达到质量标准。提高奶站管理人员的素质，并且将牛奶质量与奶站工作人员的绩效挂钩，提高奶站检测牛奶质量的积极性。

建立食品安全可追溯体系，一旦出现质量问题，可立即追溯到企业、奶站、奶户、奶牛、饲料以及饲料厂家，各负其责，严厉惩罚。

（三）规范市场秩序

采取有力的宏观调控措施规范奶业市场。当前奶业市场管理比较混乱，政府政策应当保护培育市场者的利益。政府可以通过市场准入、配额等形式规范市场秩序，营造合法环境。避免为了经济发展盲目地招商引资，导致高成本，要协调好企业、协会、农户等不同的利益群体。

应建立一个市场准入制度，制定行业门槛，不符合条件的企业和养殖户不能进入。严格审核审批新上乳品加工企业项目，防止低水平重复建设。建立淘汰机制，违规的企业、中间环节、农户都要出局。

建立合理的价格形成机制。政府、奶协、企业和奶农共同参加，研究并形成原奶价格的形成机制。按照产销加工各环节都获得合理利润和质价相符的原则，综合考虑奶牛的饲养成本、原奶流通费用、乳品企业成本费用及淡旺季生产需求、质量差异等状况，确定原奶交易参考价格，并定期公布，供企业和小区签订牛奶购销合同时参考。企业与奶站在原奶质量方面发生争议时，由第三方检测确认。

（四）政府要承担部分社会责任

社会责任的履行不能全部交给龙头企业，政府作为主导部门，也应帮助企业履行部分社会责任。

政府要积极建设养殖基地，加大对其扶持力度。对奶农、养殖企业的用地，基本建设、设备及资金等给予一定的优惠政策。加强对奶农的培训，使其掌握养殖环节的知识和技术、技能。对各级奶业从业人员也要进行培训。强化良种繁育与推广，落实国家及政府的相关优惠、补贴政策，整顿规范奶牛繁育、改良、配种体系，改变奶牛群体，提高产奶量。加快苜蓿等优质豆料牧草种植技术的推广应用，确保优质饲草料的有效供给。做好优质饲料的开发利用。建立解决粪便处理、防治环境污染的补贴政策，在扶持政策上对沼气池等项目要优先考虑。完善奶牛养殖风险金、奶牛保险试点等扶持政策。加大对奶牛养殖业的信贷资金扶持。提高对企业社会责任的认识，加大对企业社会责任的宣传力度，形成企业社会责任的全社会监督机制。

参考文献

[1] Antle，J. Efficient Food Safety Regulation in the Food Manufacturing Sector [J]. American Journal of Agricultural Economics，1996，78 (5)：1242-1247.

[2] Bardhan，P.，C. Udry. Developmet Microeconomics [M]. New York：Oxford University Press.

[3] Baron，D. P.. Managerial Contracting And Corporate Social Responsibility [J]. Journal of Public Economics，2008，92 (1-2)：268-288.

[4] Ciccone，A.，K. Matsuyama. Start-up Costs and Pecuniary Externalities as Barriers to Economic Development [J]. Journal of Development Economics 1996 (49)：33-59.

[5] Bowen，Howard R. Social Responsibilities of the Businessman [M]. New York：Harper，1953.

[6] Carroll，Archie B.，A Three -Dimensional Conceptual Model of Corporate Performance [J]. The Academy of Management Reivew，1979，4(4)：497-505.

[7] Carroll，Archie B.，The Pyramid of Corporate Social Responsibility：Toward the Moral Management of Organizational Stakeholders [J]. Business Horizons，1991，34 (4)：39-48.

[8] Carrol，Archie B.，Business & Society：Ethics and Stakeholder Management (2nd ed.)，Cincinnati，OH：South-Western Publishing Co.

[9] Clarkson Max B.E.，A Stakeholder Framework for Analyzing and Evaluation Corporate Social Performance [J]. The Academy of Management Review，1995，20 (1)：92-117.

[10] Dorfman, R., P. Steiner. Optimal Advertising and Optimal Quality [J]. American Economic Review, 1954 (44): 826-836.

[11] Gale, Fred. China: Trade for Sustainable Food [R]. Washington D. C.: Agricultural Outlook Forum, 2010.

[12] Freeman, R.E. Strategic Management: A Stakeholder Approach, Boston: Pitman, 1998.

[13] Friedman, M.The Social Responsibility of Business is to increase its Profits'. New York Times Magazine, 1970 (13): 122-126.

[14] Joseph, Ella. Promoting Comporate Social Responsibility: Is Market-based Regulation Ssfficient [J]. New Economy, 2003, 9 (2): 96-110.

[15] Lormar, B., Jinxia Wang. Will Warter Scarcity Affect Agricultural Production in China? [R]. Washington DC: Economic Research Service, China's Food and Agriculture: Issues for the 21st Century: 41-43.

[16] Lundgren, T.. A Microeconomic Model of Corporate Social Responsibility [J]. Metroeconomica, 2010, 1-27.

[17] Schwartz Mark S. and Archie B. Carrol. Corporate Social Responsibility: A Three Domain Approach [J]. Business Ethics Quarterly, 2003, 13 (4): 503-530.

[18] Segerson, Kathleen. Uncertainty and Incentives for Nonpoint Pollution Control [J]. Journal of Environmental Economics and Management, 1988 (15): 87-98.

[19] Wang, Jinxia., Robert Mendelsohn, Ariel Dinar, Jikun Huang. How China's Farmers Adapt to Climate Change? [C]. Beijing: International Association of Agricultural Economists Conference, 2009.

[20] 毕海龙. 基于波特价值链的企业社会责任研究 [D]. 吉林大学, 2008.

[21] 曹利群, 周立群. 扶持龙头企业：从信息角度的研究 [J]. 中国农村观察, 2001 (5): 32-37.

[22] 丁力. 论两类农业产业化 [J]. 经济理论与经济管理, 1999 (3): 60-65.

[23] 丁守海. 国际粮价波动对我国粮价的影响分析 [J]. 经济科学，2009 (2)：60–71.

[24] 黄连贵，张照新，张涛. 我国农业产业化发展现状、成效及未来发展思路 [M]. 农业部农村经济研究中心. 中国农村改革：过去与未来. 北京：中国农业出版社，2008：100–121.

[25] 黄宗智，彭玉生. 三大历史性变迁的交汇与中国小规模农业的前景 [J]. 中国社会科学，2007 (4)：74–88.

[26] 黄宗智. 中国的新时代小农场及其纵向一体化：龙头企业还是合作组织？[EB/OL]. 中国人民大学可持续发展高等研究院历史与社会高等研究所. (2009-11-07) http：//www.lishiyushehui.cn/modules/topic/detail.php?topic_id=278.

[27] 姜岩，周宏. 农业龙头企业生产率及效率分析 [J]. 农业技术经济，2005 (1)：45–48.

[28] 卢代富. 国外企业社会责任界说述评 [J]. 现代法学，2001 (6)：137–144.

[29] 卢锋，彭凯翔. 中国粮价与通货膨胀关系 [J]. 经济学季刊，2002 (7)：821–836.

[30] 刘国亮，钟甫宁. 乡镇企业发展的因素分析及地区效率差异 [J]. 中国农村观察，1998 (3)：22–25.

[31] 李敬辉，范志勇. 利率调整和通货膨胀预期对大宗商品价格波动的影响——基于中国市场粮价和通货膨胀关系的经验研究 [J]. 经济研究，2005 (6)：61–68.

[32] 蔺丽莉. 刍议发展河北省农业产业化龙头企业 [J]. 经济论坛，2006 (5)：14–15.

[33] 李立清. 企业社会责任平价理论与实证研究：以湖南省为例 [J]. 南方经济，2006 (1)：105–118.

[34] 林万龙，张莉琴. 农业产业化龙头企业政府财税补贴政策效率：基于农业上市公司的案例研究 [J]. 中国农村经济，2004 (10)：33–39.

[35] 黎友焕等. 企业社会责任实证研究 [M]. 广州：华南理工大学出版社，2010.

[36] 吕玉玲. 从“三鹿奶粉”看企业社会责任承担. 国研网，2008-10-21.

[37] 李正. 企业社会责任与企业价值的相关性研究——来自沪市上市公司的经验证据 [J]. 中国工业经济，2006（2）：77-83.

[38] 马丁. 高级产业经济学 [M]. 史东辉等译. 上海：上海财经大学出版社，2003.

[39] 孟令杰，丁竹. 基于 DEA 的农业上市公司效率分析 [J]. 南京农业大学学报，2005（2）：39-43.

[40] 农业部农村改革试验区办公室.认识与实践的对话——中国农村改革试验区十年历程 [M]. 北京：中国农业出版社，1997.

[41] 诺顿. 中国经济：转型与增长 [M]. 安佳译. 上海：上海人民出版社，2010.

[42] 鞠芳辉等. 企业社会责任的实现——基于消费者选择的分析 [J]. 中国工业经济，2005（9）：91-98.

[43] 沈艳，姚洋. 企业社会责任与市场竞争力：企业社会责任在提升中国私营部门竞争力以及可持续发展中的作用 [M]. 北京：中国人民大学出版社，2010.

[44] 沈晓明. 论农业产业化政策的市场性目标和公益性目标的冲突——兼析农业上市公司的竞争力减弱的现象 [J]. 农业经济问题，2002a（5）：18-22.

[45] 沈晓明，谭再刚，伍朝晖. 补贴政策对农业上市公司的影响与调整 [J]. 中国农村经济，2002b（6）：20-23.

[46] 田祥宇，霍学喜. 财政扶持农业产业化龙头企业的博弈分析 [J]. 商业研究，2009（7）：169-171.

[47] 王爱群，郭庆海. 中国各地区农业产业龙头企业竞争力比较分析 [J]. 中国农村经济，2008（4）：33-43.

[48] 王春玲. 对优先扶持我国农业重点龙头企业的理论分析 [J]. 农业经济问题，2005（5）：62-66.

[49] 吴敬琏. 中国增长模式抉择（增订版）[M]. 上海：上海远东出版社，2008.

[50] 王茜，秦富. 农业产业化龙头企业的生产效率分析——基于 DEA 模型 [J]. 技术经济，2009 (3)：53-57.

[51] 徐广军，边宁. 企业社会责任及利益相关者界定 [J]. 商业时代，2008 (8)：15-17.

[52] 徐勇，任一萍. 应用因子分析对农业上市公司进行绩效评价 [J]. 统计教育，2007 (3)：12-14.

[53] 亚当·斯密. 道德情操论 [M]. 韩巍译. 北京：中国城市出版社，2008.

[54] 殷格非，李伟阳主编. 企业社会责任报告编制指导 [M]. 北京：中国人民大学出版社，2010.

[55] 杨明洪. 农业产业化龙头企业：扶持理论与政策分析 [M]. 北京：经济科学出版社，2009.

[56] 杨明洪，孙继琼. 农业产业化发展的空间分布与影响因素分析——以农业产业化国家重点龙头企业为例 [J]. 财经科学，2008 (7)：103-110.

[57] 周洁红，叶俊焘. 我国食品安全管理中 HACCP 应用的现状、瓶颈与路径选择——浙江省农产品加工企业的分析 [J]. 农业经济问题，2007 (8)：55-61.

[58] 中国 21 世纪议程管理中心可持续发展战略研究组. 全球化与中国“三农” [M]. 北京：社会科学文献出版社，2005.

[59] 张利庠，孔祥智. 中国奶业发展报告 2008 [M]. 北京：中国经济出版社，2008.

[60] 张陆伟，陈雷，管杰. 关于农业产业化国家重点龙头企业现状的分析及建议 [J]. 中国社会科学院研究生院学报，2009 (5)：53-61.

[61] 朱四海. 反哺时期农业产业化政策取向分析 [J]. 农业技术经济，2006 (4)：15-25.

[62] 赵颖，马连福. 海外外企业社会责任信息披露研究综述及启示 [J]. 证券市场导报，2007 (9)：14-22.

[63] 张照新. 中国农业产业化研究 [D]. 北京：中国人民大学博士论文，1998.

致 谢

农业产业化龙头企业作为农产品生产、加工和流通的重要主体，不仅在保障农产品质量安全和保护农村资源环境方面具有至关重要的作用，而且对于农业发展、农村繁荣和农民增收也有着举足轻重的影响。因此，促进龙头企业发展，推进龙头企业履行社会责任，具有重要的现实意义。

2008 年，香港乐施会资助课题组开展“农业产业化利益联结机制与龙头企业社会责任调查研究”。课题组在农业部产业化办公室相关领导的大力支持下，在河北、辽宁、四川和内蒙古产业化办公室的配合下，对农业产业化龙头企业相关利益主体进行实地调研。课题组还召开了两次研讨会，得到了来自农业部农业产业化办公室、河北省农业产业化办公室等单位以及北京顺鑫农业、中粮集团等部分企业的有益建议。

课题组承担了农业部农业产业化办公室委托的“国家重点龙头企业动态监测”任务，对国家重点龙头企业的基本运行情况和社会责任履行情况进行监测，发现龙头企业存在的问题和企业发展影响因素，分析农业产业化和龙头企业发展面临的新形势、新变化，提出了促进龙头企业发展的思路和政策建议。

正是在以上课题研究成果的基础上，我们进一步整理修改，最终完成目前的书稿。课题组对香港乐施会和农业部产业化办公室的资助和支持表示真挚的感谢！对河北、辽宁、四川和内蒙古等省区产业化办公室的支持表示感谢！对在调研过程中给予支持的龙头企业、合作社、养殖场和农户表示感谢！

此外，书稿的顺利完成和出版，离不开农业部农村经济研究中心宋洪远主任、邓志喜副主任、沈贵银副主任的关心和支持，在此表示衷心感谢！本书的出版也要感谢经济管理出版社杨世伟副社长、张永美女士的辛勤劳动！